CONTRASTE IRREGULIER

ILLISIBILITE PARTIELLE

Contraste insuffisant
NF Z 43-120-14

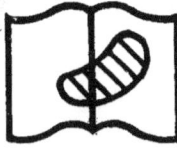

Original illisible
NF Z 43-120-10

Texte détérioré — reliure défectueuse
NF Z 43-120-11

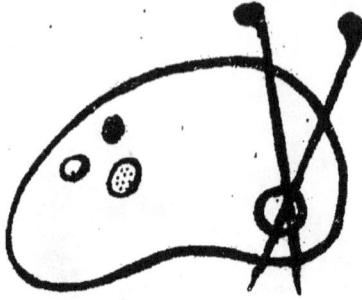

Original en couleur

NF Z 43-120-8

COUVERTURES SUPERIEURE et INFERIEURE

tion de l'éditeur

Prix 95 Centimes

Les Gaîtées du chat noir

COLLECTION OLLENDORFF

Les Gaîtés

DU

CHAT - NOIR

Illustrations
de GUS BOFA

Les Gaîtés

DU

CHAT-NOIR

PARIS

Société d'Éditions Littéraires et Artistiques

LIBRAIRIE PAUL OLLENDORFF

5o — CHAUSSÉE D'ANTIN — 5o

LE CHAT-NOIR

...et ingénieux animal n'est pas mort; mais on peut dire, sans l'offenser, qu'il est sorti de sa « période héroïque ». On publie un volume de ses Gaîtés. Le moment semble donc venu de dire ce qu'il a été et ce qu'il a fait.

Vous connaissez le petit théâtre de la rue Victor-Massé. Au-dessus de la lucarne aux ombres chinoises est peint un chat noir, à la queue en tringle, aux contours simplifiés, un chat de blason ou de vitrail, qui pose une patte dédaigneuse sur une oie effarée. Ce chat représente l'Art, et cette oie la Bourgeoisie.

Mais, contrairement aux traditions, cette oie et ce chat ont eu ensemble les meilleurs rapports. L'oie, reçue chez le chat — non gratuitement — s'est crue en pays de Bohème; c'est, en somme, le chat qui a galamment « exploité » l'oie, tout en l'amusant et même en lui ouvrant l'intelligence.

Le Chat-Noir a joué son rôle dans la littérature d'hier. Il a vulgarisé, mis à la portée de l'oie une partie du travail secret qui s'accomplissait dans les demi ténèbres des Revues jeunes.

Il a été des premiers à discréditer le naturalisme morose, en le poussant à la charge. Il a, je ne dis point inventé (car nous avions eu Richepin, Alfred Delvau), mais rajeuni et propagé le naturalisme macabre et farce, par les chansons de Jules Jouy et d'Aristide Bruant. Il a révélé aux gens riches et aux belles madames la « poésie » des escarpes et de leurs compagnes, les boulevards extérieurs, les « fortifs » et Saint-Lazare, et ce que c'est que « pante », que « marmite », que « surin », que « daron, daronne et petit-salé..., ».

Et, en même temps, le Chat-Noir contribuait au « réveil de l'idéalisme ». Il était mystique, avec le génial paysagiste et découpeur d'ombres Henri Rivière. L'orbe lumineux de son guignol fut un œil-de-bœuf ouvert sur l'invisible. Mais, au surplus, le conciliant félin nous a appris que le mysticisme se pouvait allier, très naturellement, à la plus vive gaillardise et à la sensualité la plus grecque. N'est-ce pas, Maurice Donnay?

Au fond, le digne Chat resta gaulois et classique. Il eut du bon sens. Quand il choisit Francisque Sarcey pour son oncle, ce ne fut point ironie pure. Quelques-uns des Schaunards de cette bohème tempérée furent ornés des palmes académiques. Le Chat eut l'honneur d'être loué un jour sous la coupole de l'Institut. Il tenait à l'opinion du Temps et du Journal des Débats. Son idéalisme n'a jamais « coupé » dans la « Rose-Croix » ni dans la poésie symboliste. Il a raillé celle-ci, — oh! les étonnants vers amorphes de Franc-Nohain! — comme il avait décrié d'abord le naturalisme de Médan.

Puis, le Chat-Noir a été patriote, et chauvin, et grognard. Comme la vogue des « gigolettes », et comme la piété vague et veule qui nous émeut sur les Madeleines et sur les Izéyls, la napoléonite qui nous travaille est un peu venue de lui. Vous vous rappelez l'Epopée, de Caran d'Ache. Le Chat, sur quelques menus points, fut un précurseur.

Il a, avec ce même Caran d'Ache, avec Willette et Steinlen, rajeuni la

« *caricature* » (*j'emploie ce mot devenu impropre, faute d'un meilleur*). *Et il a restauré, en lui donnant une forme neuve, la « vieille gaieté française ».*

Car il eut pour nourrisson le bienfaisant Alphonse Allais. (*Je veux nommer aussi, tout au moins, George Auriol, ne pouvant les nommer tous.*) *Allais vaudrait, à lui seul, une étude. Allais a certainement enrichi l'art du coq-à-l'âne et de l'absurdité méthodique. Toujours le burlesque a suivi les évolutions de la littérature dite sérieuse. De même que la fantaisie de Cyrano de Bergerac répercute tout le pédantisme fleuri du temps de Louis XIII, de même qu'un grand nombre de facéties de Duvert et de Labiche supposent le romantisme : ainsi les écritures bizarres d'Alphonse Allais, par leurs tics, clichés et allusions, par le tour indéfinissable de leur rhétorique et de leur « maboulisme », impliquent toute l'anarchie littéraire de ces quinze dernières années...*

(*Laissez-moi ouvrir ici une parenthèse. Quelques types curieux florirent dans cet illustre cabaret. Tel, le pianiste Albert Tinchant. Il n'était pas sobre, mais il était doux; il faisait de petits vers tendres et langoureux, pas très bons. Pendant cinq ou six ans il vécut sans jamais avoir un sou dans sa poche, très heureux. Son incuriosité fut telle, ou sa pauvreté, qu'il ne trouva pas le moment, — ou le moyen, — d'aller, en 1889, voir l'Exposition. Le trait me semble rare. Tinchant mourut à l'hôpital. Il avait été autrefois, en rhétorique, un de mes meilleurs élèves. Jamais il ne me demanda rien, qu'une mention dans ma chronique dramatique. Celui-là était un bohème, un bohème authentique. Je suis bien fâché qu'il n'ait pas eu de génie.*)

Vous avez vu tout ce que nous devons au Chat-Noir. Ce chat éclectique qui sut réconcilier la bourgeoisie et la bohème, forcer les gens du monde à payer, très cher, tant de bocks, et tantôt les attendrir sur des histoires pieuses, tantôt les scandaliser avec modération et leur donner l'illusion qu'ils s'encanaillent; ce chat qui sut faire vivre ensemble le Caveau et la Légende dorée, ce chat socialiste et napoléonien, mystique et grivois, macabre et enclin à la romance, fut un chat « très parisien » et presque national. Il exprima à sa façon l'aimable désordre de nos esprits. Il nous donna des soirées vraiment drôles.

Nous prions les futurs historiens de la littérature de ne point refuser un salut amical à cet ingénieux descendant du Chat Botté. Comme son aïeul, il connut plus d'un tour et valut à son maître un beau château.

Jules LEMAITRE.

Excentric's

We are told that the
sultan Mahmoud by his
perpetual wars...

SIR CORDON SONNET.

Par un phénomène bizarre d'association d'idées (assez commun aux
jeunes hommes de mon époque), l'Exposition de 1889 me rappelle
celle de 1878.

A cette époque, dix prin-
temps de moins fleurissaient
mon front. C'est effrayant ce
qu'on vieillit entre deux Ex-
positions universelles, surtout lorsqu'elles sont sépa-
rées par un laps considérable.

Ma bonne amie d'alors,
une petite brunette à qui
l'ecclésiastique le plus rou-
blard aurait donné le bon
Dieu sans confession (or une
nuit d'orgie, pour elle, n'était qu'un
jeu), me dit un jour à déjeuner :

— Qu'est-ce que tu vas faire, pour
l'Exposition ?

— Que ferais-je bien pour l'Exposition ?

— Expose.

— Expose ?... Quoi ?

— N'importe quoi.

— Mais, je n'ai rien inventé !

(A ce moment, je n'avais pas encore
inventé mon aquarium en verre dé-

poli, pour poissons timides, S.G.D.G.).

— Alors, reprit-elle, achète une ba-
raque et montre un phénomène.

— Quel phénomène ?... Toi ?

Terrible, elle fronça son sourcil
pour me répondre :

— Un phénomène, moi !

Et peut-être qu'elle allait me fiche
des calottes, quand je m'écriai, sur un
ton d'amoureuse conciliation :

— Oui, tu es un phénomène, chère
âme ! Un phénomène de grâce, de
charme et de fraîcheur !

Ce en quoi je ne mentais pas, car
elle était bigrement gentille, ce petit
chameau-là.

Un coquet nez, une bouche un peu
grande (mais si bien meublée), des
cheveux de soie innombrables et une

de ces peaux tendrement blanc-rosées, comme seules en portent les dames qui se servent de crème.

Certes, je ne me serais pas jeté pour elle dans le bassin de la place Pigalle, mais je l'aimais bien tout de même.

Pour avoir la paix, je conclus :

— C'est bon ! puisque ça te fait plaisir, je montrerai un phénomène.

— Et moi, je serai à la caisse ?

— Tu seras à la caisse.

— Si je me trompe en rendant la monnaie, tu ne me ficheras pas des coups ?

— Est-ce que je t'ai jamais fichu des coups ?

— Je n'ai jamais rendu de monnaie, alors je ne sais pas...

Si je rapporte ce dialogue tout au long, c'est pour donner à ma clientèle une idée des conversations que j'avais avec Eugénie (c'est peut-être Berthe qu'elle s'appelait).

Huit jours après, je recevais de Londres un nain, un joli petit nain.

Quand les nains anglais, chacun sait ça, se mêlent d'être petits, ils le sont à défier les plus puissants microscopes ; mais quand ils se mêlent d'être méchants, détail moins connu, ils le sont jusqu'à la témérité.

C'était le cas du mien. Oh ! la petite teigne !

Il me prit en grippe tout de suite, et sa seule préoccupation fut de me causer sans relâche de vifs déboires et des afflictions de toutes sortes.

Au moment de l'exhibition, il se haussait sur la pointe des pieds avec tant d'adresse, qu'il paraissait aussi grand que vous et moi.

Alors, quand mes amis me bla-

guaient, disant : « Il n'est pas si épatant que ça, ton nain ! » et que je lui transmettais ces propos désobligeants, lui, cynique, me répondait en anglais :

— Qu'est-ce que vous voulez... il y a des jours où on n'est pas en train.

Un soir, je rentrai chez moi deux heures plus tôt que ne semblait l'indiquer mon occupation de ce jour-là.

Devinez qui je trouvai, partageant la couche de Clara (je me rappelle maintenant, elle s'appelait Clara) !

Inutile de chercher, vous ne devineriez jamais.

Mon nain ! Oui, mesdames et messieurs, Clara me trompait avec ce british minuscule !

J'entrai dans une de ces colères !...

Heureusement pour le traître, je levai les bras au ciel avant de songer à le calotter. Il profita du temps que mes mains mirent à descendre jusqu'à sa hauteur pour filer.

Je ne le revis plus.

Quant à Clara, elle se tordait littéralement sous les couvertures.

— Il n'y a pas de quoi rire, fis-je sévèrement.

— Comment, pas de quoi rire ? Eh ben, qu'est-ce qu'il te faut à toi ?... Grosse bête, tu ne vas pas être jaloux d'un nain anglais ? C'était pour voir, voilà tout. Tu n'as pas idée...

Et elle se reprit à rire de plus belle, après quoi elle me donna quelques détails, réellement comiques, qui achevèrent de me désarmer.

C'est égal, dorénavant, je me méfiai des nains et, pour utiliser le local que j'avais loué, je me procurai un géant japonais.

Vous rappelez-vous le géant japonais de 1878 ? Eh bien ! c'est moi qui le montrais. Mon géant japonais ne ressemblait en rien à mon nain anglais.

D'une taille plus élevée, il était bon, serviable et chaste.

Ou, du moins, il semblait doué de ces qualités. J'ai raison de dire *il semblait*, car, à la suite de peu de jours, je fis une découverte qui me terrassa.

Un soir, rentrant inopinément dans la chambre de Camille (oui, c'est bien Camille, je me souviens), je trouvai, jonchant le sol, l'orientale défroque de mon géant, et dans le lit Camille... devinez avec qui !

Inutile de chercher, vous ne trouveriez jamais.

Camille, avec mon ancien nain !

C'était mon espèce de petit cochon de nain anglais, qui n'avait trouvé rien de mieux, pour rester près de Camille, que de se déguiser en géant japonais.

Cette aventure me dégoûta à tout jamais du métier de barnum.

C'est vers cette époque, qu'entièrement ruiné par les prodigalités de ma maîtresse, j'entrai en qualité de valet de chambre, 59, rue de Douai, chez un nommé Sarcey.

ALPHONSE ALLAIS.

Une réponse

Le jeune Labobine et moi nous ne faisions qu'un.

Nous faisions en même temps notre rhétorique.

Ou nous faisions semblant de la faire, — ce qui revient absolument au même.

C'est-à-dire que nous assistions irrégulièrement à des cours qui nous embêtaient crânement, — quoique nous concentrassions tous nos efforts à n'en pas entendre un seul mot.

Le plus souvent nous attrapions des mouches auxquelles nous rendions la liberté après leur avoir agrémenté l'orifice caudal d'un bout de papier arraché à un vague dictionnaire latin absolument destiné à cet usage.

Le vieux professeur avait coutume de dire en parlant de nous : « C'est des bons enfants, mais ils sont bigrement paresseux. » Et, de fait, on pouvait plutôt l'être moins que plus.

Nous goûtions médiocrement Cicéron, et Sénèque nous tapait sur le système (sic).

Nous n'avions qu'un regret, c'est qu'ils fussent morts, ce qui ôtait le plaisir de les tuer.

Or un jour, il faisait une chaleur tropicale encore aggravée par la lecture d'un magnifique discours de Cicéron. (Ce n'est pas moi qui le dis.)

Dans l'air bleu, les fenêtres étant ouvertes, tourbillonnaient des nuées de mouches.

Le jeune Labobine s'ingéniait à les attirer dans notre voisinage par le fallacieux appât de morceaux de sucre placés bien ostensiblement sur le coin d'une table surchargée d'inscriptions anti-universitaires.

Décrivant donc dans l'air, avec sa main prête à se refermer, la courbe usuelle que tous ceux dont le passe-temps consiste à attraper des mouches et plus particulièrement les pêcheurs à la ligne connaissent bien, il eut l'horrible désappointement de rater sa quarante-deuxième victime.

Le professeur, qui surveillait ce manège depuis assez longtemps, se leva de sa chaire, rouge de colère, et cria :

— Est-ce que vous aurez bientôt fini d'attraper les mouches, monsieur?

Labobine ne parut pas être frappé outre mesure de cette admonestation ridicule (c'est sa propre expression) et tranquillement, répondit :

— Je ne l'ai pas attrapée, monsieur.

JULES DÉPAQUIT.

Un record

C'était un de nos plus redoutables bicyclistes, un de ces hommes pour qui parcourir des centaires de kilo-

mètres sur les grandes routes avec un dur triangle de cuir entre les jambes, sans seulement regarder ce qui se passe autour de soi, est une âpre volupté. Il était marié depuis peu d'années et c'est au lendemain de sa lune de miel que cette étrange passion l'avait saisi tout entier. Il rêvait de gagner la course de bicycles qu'on ne pouvait manquer d'organiser un jour entre Paris et Pékin, et il s'entraînait avec fureur. Sa femme, qui l'aimait, souffrait un peu de se voir négliger pour le sport à la mode, mais aimait mieux, en réalité, qu'il courût les grandes routes que les cocottes.

Un matin, il se réveilla tout préoccupé. Ayant à peine mis son caleçon, il appela la bonne et lui demanda son bicycle d'appartement, un bicycle qu'il avait fait construire tout exprès pour s'exercer dans son salon.

— Mais tu es fou, mon chéri, lui dit sa femme. Tu n'attends même plus d'être habillé maintenant !

— C'est qu'il m'est venu une idée, reprit-il. Je me demande s'il ne serait pas possible de rester chez soi sur un bicycle toute la journée, depuis le matin jusqu'au soir, et de vaquer à ses occupations ordinaires. On n'a jamais essayé cela. Si j'y réussissais je considérerais que c'est un tour de force supérieur à celui de la galerie des Machines.

Il n'en voulut pas démordre, quoique sa femme et sa bonne se moquassent de lui, et c'est au milieu de leurs éclats de rire qu'il commença de se vêtir, perché sur sa machine. Mais il était d'une admirable souplesse et le bicycle n'avait plus de mystères pour lui. Il parvint à passer son pantalon et à mettre ses bretelles, puis toujours maniant l'instrument avec une adresse inouïe, il se dirigea vers le cabinet de toilette, et se lava et se peigna suffisamment. Ensuite il lut

— Tu as gagné, mon ami. Tu peux descendre.

Il la regarda tendrement :

les journaux et son courrier, et écrivit des lettres jusqu'à midi, sans qu'il lui arrivât le moindre accroc. Madame était émerveillée; ses railleries avaient fait place à une vive curiosité et elle ne quittait pas de l'œil son époux.

Quant à la bonne, elle était allée raconter l'histoire dans le quartier, et les voisins venaient tous les quarts d'heure, palpitants, prendre des nouvelles chez le concierge.

Il déjeuna en bicycle de la façon la plus naturelle, fuma son cigare et lut des romans dans l'après-midi; il reçut aussi des fournisseurs et quelques visites dans cette posture. La journée passa comme un songe. Le repas fut très gai. Madame se mit au piano et lui chanta ses airs favoris. A minuit, dernière minute de l'épreuve, il lança son bicycle dans la chambre à coucher.

— Pas encore.

Et il la saisit de son bras gauche et

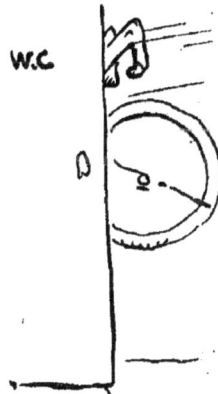

l'embrassa. Alors, il lui parla dans l'oreille :

— Quoi? mon chéri, fit-elle en éclatant de rire, tu prétendrais...

— Oui, murmura-t-il. Je suis sûr que c'est possible.

Les femmes ont des trésors d'indulgence pour les fantaisies de l'homme aimé. Elle satisfit celle-là avec de véritables merveilles de patience et d'ingéniosité. Et il s'écria, triomphant, en sautant de son bicycle :

— Je suis le premier qui ait établi ce record-là.

ALFRED CAPUS.

Petite peine

I

Les mots les plus tendres jamais
Ne diront combien je t'aimais,
Jeune maîtresse !

J'ai tant parlé pour t'émouvoir
Lorsqu'en tes yeux je voulais voir
La sainte ivresse.

II

Les reproches ne servent point,
Surtout quand on les fait de loin,
Dès qu'on s'isole ;

Mais en songeant qu'aux jours passés
Nous nous sommes bien embrassés,
Je me console.

III

On m'a dit que j'avais été
D'une grande naïveté
Envers toi-même,

Et qu'avant de beaucoup aimer,
Le cœur devrait mieux s'informer
De ce qu'il aime.

IV

Encore un baiser, veux-tu bien ?
Un baiser qui n'engage à rien :
Sans qu'on se touche.

Tu le rendras à ton amant
En te figurant un moment
Qu'il a ma bouche.

MAURICE VAUCAIRE.

Le Secret du vestibule

A Léopold Dauphin.

Je suis allé à Londres
quand j'étais grand, mais
maintenant je vais chez
le pharmacien me faire
arracher les cheveux.
(MIMILE.)

— Comment, monsieur le comte, s'écria l'intendant, après cinquante années de lutte, vous abandonnez la partie? Au moment où tous les atouts j'avais vingt ans, l'âge des illusions; aujourd'hui, j'en ai soixante-dix! Vous-même, lorsque je vous pris à mon service, étiez un jeune homme; maintenant vous êtes un vieillard. Je passais à Amsterdam; à la suite de malheurs immérités, vous veniez de perdre votre fortune. Sur ces entrefaites, votre femme — la plus jolie femme de la ville, celle que l'on appelait par-

sont entre vos mains, vous jetez les cartes! C'est de la folie!

— Oui, Hans Hinckseck, répondit le comte Pascal Gigault d'Agnel, en souriant tristement, j'en ai assez. C'est que, voyez-vous, la situation n'est plus la même. A la mort de la comtesse, tout la belle Hans Hinckseck — vous trompa avec un enseigne...

L'intendant fit un geste.

— Oui, continua le comte, j'évoque des souvenirs pénibles, mais cela est nécessaire à la clarté du récit. Votre femme vous trompait donc avec un enseigné. J'appris l'incident et, sans hésiter, je châtiai le drôle. Vous me jurâtes un éternel dévouement et, de ce jour, votre affection pour moi ne

s'est pas démentie un seul instant. Cela, je le sais, et je sais aussi que vous vous jetteriez au feu pour moi et pour ceux de ma maison. Mais, croyez-moi, tout est bien fini maintenant, je sens mes forces s'en aller de jour en jour et...

— C'est impossible, répliqua brusquement l'intendant. Il serait criminel d'abandonner la petite Madeleine à ses bourreaux ! Ces gens-là sont capables de tout. Hâtez-vous, ou ils ne tarderont pas à reprendre le dessus. Pauvre Madeleine, si douce, si candide !

— Elle boit ! dit sèchement le comte. D'ailleurs, c'est le vivant portrait, avec tous ses vices, de ma défunte femme!...

En prononçant ces derniers mots, le comte se signa dévotement !...

— Mais, laisserez-vous protester les billets ?... insista Hans Hinckseck.

Et comme son maître semblait fléchir :

— Allons, un peu de courage, monsieur le comte. Suivez-moi, et dans quelques minutes les papiers du cardinal seront en votre possession !

Le comte Pascal Gigault d'Agnel saisit un flambeau et résolument se dirigea vers la porte...

* *

Du couloir qui contournait l'aile droite du château, on montait, par un étroit escalier en colimaçon, jusqu'aux chambres des domestiques.

— Ce couloir conduit au souterrain, dit l'intendant en prenant le flambeau des mains de son maître.

— Un souterrain sous les combles ? interrogea le comte, incrédule...

L'intendant allait répondre, lorsqu'un bruit léger se fit entendre. Hans Hinckseck posa la main sur le bras du comte et appliqua l'oreille sur le parquet... Quelques minutes s'écoulèrent... Le bruit ayant cessé, les deux hommes, rassurés, continuèrent d'avancer.

— Patience ! dit encore l'intendant, nous arrivons.

Et, subitement, une bouffée d'air humide vint les frapper en plein visage.

Presque simultanément le comte heurtait du pied un corps dur. En levant les yeux, il aperçut un escalier monumental.

— Encore ces cent trente marches à monter, dit Hans Hinckseck, et nous toucherons au but. Du courage, monsieur le comte !...

— J'en ai ! répondit simplement le comte Pascal Gigault d'Agnel.

* *

Si les souvenirs de l'intendant étaient fidèles, les dernières marches de l'escalier monumental devaient aboutir à un palier sur lequel donnait l'entrée du souterrain.

Le souterrain était fermé par une solide porte de fer dont un ressort puissant faisait jouer le pène.

L'on se trouvait alors en face d'une

seconde porte, puis d'une troisième, d'une quatrième, etc.

Le souterrain avait huit portes.

La huitième s'ouvrait sur une neuvième porte, laquelle fermait définitivement l'entrée du souterrain.

Les deux hommes franchirent les derniers degrés de l'escalier ; en arrivant sur le palier, l'intendant poussa un cri de surprise...

L'entrée du souterrain n'était pas libre ; il y avait quelqu'un !

Un génie de bronze aux ailes éployées, gigantesque, barrait l'accès de la première porte.

— Damnation ! nous sommes joués ! hurla Hans Hinckseck.

*
* *

Puis, plus calme, il ajouta :

« Il ne faut pas que cette misérable statue nous arrête ; si j'avais votre carrure, monsieur le comte, j'aurais déjà enlevé d'un coup d'épaule ce bronze insolent !

— Y penses-tu ?... Ce génie pèse plusieurs centaines de kilos !

— Essayez toujours. D'ailleurs, vous avez fait plus fort que cela. Rappelez-vous ce jour où vous emportâtes un cheval blessé sur vos épaules ! Ah ! pourquoi ne suis-je qu'un chétif avorton ?...

— J'essaierai donc, répondit le comte ; mais c'est uniquement pour te faire plaisir.

Et, raidissant tous ses muscles dans un effort désespéré, le comte saisit la statue...

Sous l'apparence du bronze le [plus authentique, la statue — véritable chef-d'œuvre de l'industrie moderne — était simplement en zinc repoussé.

Le fardeau était si léger et l'élan qu'il avait cru devoir prendre tellement irrésistible, que le vieux gentilhomme chancela, perdit l'équilibre et, se renversant en arrière, disparut dans les profondeurs de l'escalier.

On entendit le corps rouler de marche en marche, puis le bruit sourd d'une chute.

Alors Hans Hinckseck se redressa et ricana haineusement :

— Un de plus!... Encore dix-sept!... J'aurai juste le temps avant déjeuner!...

Au pied de l'escalier de pierre, le comte Pascal Gigault d'Agnel s'était relevé, légèrement contusionné. Après avoir lancé par trois fois le cri de la chouette et consulté sa carte d'état-major, il s'enfonça dans les ténèbres.

CHAPITRE II

L'HOMME AUX CHEVEUX DE BOIS

Le train 117 venant de Lyon entra en gare à 7 heures 45 du soir, avec huit minutes de retard.

Hans Hinckseck sauta de wagon, traversa les salles rapidement et répondit aux douaniers qu'il n'avait rien à déclarer.

Dehors, il héla un fiacre et se fit conduire à l'*Hôtel des Trois-Hémisphères*, rue des Martyrs.

Chemin faisant, l'intendant répara le désordre de sa toilette. Il ajusta une barbe blonde à son menton naturellement imberbe, mit des lunettes roses et rabattit les bords de sa casquette fourrée. Ainsi transformé, Hans Hinckseck était méconnaissable...

Le fiacre, après avoir traversé un dédale inextricable de ruelles étroites, gravit le raidillon de la rue des Martyrs, dépassa le Cirque Fernando, et s'arrêta enfin devant une haute construction d'aspect imposant.

Sous le péristyle orné de colonnes de marbre, une armée de majordomes en frac guettait l'arrivée des voyageurs.

A peine le fiacre avait-il stoppé, qu'un de ces fonctionnaires s'élançait vers l'intendant, lui ravissait sa valise, et, en moins de temps qu'il n'en faut pour le sténographier, le guidait, à travers un vestibule bordé de plantes grasses, jusqu'aux bureaux de l'administration.

Derrière les vitres, une dame vêtue de noir trônait; c'était la gérante. A la vue de l'intendant, elle poussa un cri de joie :

— Comment! c'est vous, monsieur le duc? Quelle surprise!...

— Je vous ai dit plusieurs fois déjà de m'appeler M. Gustave, madame Vétiver, rectifia sévèrement Hans Hinckseck.

— Excusez-moi, monsieur le d... monsieur Gustave, c'est l'émotion... Voulez-vous la chambre numéro 27 ?

— Celle qui ne donne pas sur le parc?

— Oui, monsieur. Elle est nouvellement réparée, décorée fraîchement, et j'y ai fait mettre un grand bocal de poissons rouges... Vous y serez très bien.

— Bon, il n'est pas venu de lettres, en mon absence?

— Si, monsieur!

Madame Vétiver tendit une lettre à l'intendant, que celui-ci mit dans sa poche.

— Maintenant, dit Hans Hinckseck, faites-moi conduire à ma chambre et donnez des ordres pour qu'on me pré-

pare promptement un bain de pieds à la moutarde.

Le numéro 27 était une pièce spacieuse, bien aérée, dont l'ameublement, en chêne ciré, répondait à toutes les exigences du confortable moderne.

L'unique fenêtre, drapée de longs rideaux de serge, ne donnait, en effet, sur aucun parc, mais, en revanche, elle avait vue sur une cour en boyau, limitée de tous côtés par de hauts murs noirs.

Hans Hinckseck s'accouda un instant et contempla le paysage.

Puis, comme le vent fraîchissait, il ferma la fenêtre et vint s'asseoir devant une table de travail encombrée de papiers.

Il ouvrit sa valise, en tira une petite lampe à alcool qu'il alluma. Cette lampe était surmontée d'une minuscule casserole qu'il emplit d'eau.

Il tira ensuite de sa poche la lettre que Mme Vétiver lui avait remise quelques instants auparavant et l'exposa à la buée de la casserole.

L'enveloppe commençait à se décoller, quand l'intendant, pris d'une idée subite, s'écria :

— A quoi bon, puisqu'elle m'est adressée !

Et, soufflant brusquement le réchaud, il déchira l'enveloppe.

La lettre était conçue en ces termes :

Alb... 27 (Tourn :... +)

Mac Bob — 13 + Altan :... Solway...

$$K. K. O.\ Vanouten\ \frac{7-3-5}{4}...$$

La foudre fût tombée en ce moment sur Hans Hinckseck, qu'il n'eût pas été plus atterré ! Il n'en pouvait croire ses yeux ! Et, haletant, il relut :... 13 +

Altan :... Solway... K. K. O. Vanouten

$$\frac{7-3-5}{4}...$$

Ainsi, voilà à quoi tous ses efforts avaient abouti ! Et les mystérieux caractères dansaient devant ses yeux comme s'ils eussent été écrits en lettres de feu...

A cet instant, soit ironie du sort,

soit hasard pur, la porte s'entr'ouvrit et le garçon demanda :

— Le bain de monsieur est prêt... monsieur veut-il se déchausser ?...

— Allez au diable ! hurla Hans

Hinckseck. En vérité, j'ai bien la tête à me laver les pieds !...

— Que faut-il faire du bain ?... interrogea timidement le domestique.

— Distribuez-le à mes gens !...

Maintenant, l'intendant arpentait la chambre à grands pas, en proie aux plus sinistres réflexions. Ses traits crispés révélaient une souffrance inexprimable ; une sueur froide ruisselait le long de son visage amaigri...

Soudain, il murmura : « J'ai faim ! » Et il se suspendit au cordon de la sonnette.

Depuis l'assassinat du comte Pascal Gigault d'Agnel, Hans Hinckseck n'avait pas mangé. Or, rien ne creuse comme un meurtre, même couronné d'insuccès. Aussi l'intendant, ordinairement petit mangeur, se sentait-il, ce jour-là, un appétit extraordinaire.

À l'appel du numéro 27, le domestique était accouru.

— Dites qu'on me prépare trois côtelettes dans la noix et une douzaine d'œufs à la coque !... commanda Hans Hinckseck.

Un quart d'heure environ après cet incident, le valet apportait les victuailles demandées, auxquelles il avait ajouté, de son propre chef, une demi-bouteille de bordeaux vénérable.

Hans Hinckseck attaqua vigoureusement les côtelettes, qu'il fit disparaître en un clin d'œil. Ensuite, ce fut le tour des œufs, quand, tout à coup, l'intendant s'arrêta, stupéfait.

De l'un des œufs — à la coque, comme il les avait demandés — venaient de s'échapper plusieurs objets qui roulèrent sur le plancher.

L'intendant ramassa successivement une échelle de corde, un poignard catalan à manche incrusté de nacre et un imperceptible papier plié en quatre.

Au comble de l'étonnement, Hans Hinckseck déplia le billet et lut ces seuls mots :

Cette nuit, au Moulin-Rouge.

Cette phrase expliquait tout. Les frères de l'*Ut de poitrine* le convoquaient à leur réunion annuelle qui se tenait dans les caveaux du Moulin-Rouge. Il irait d'abord pour faire acte de présence, ensuite pour régler définitivement, avec *Blanc-Manger* et le *Carnaval de Venise*, l'affaire du *Jaguar des Epinettes*.

* * *

Cette question résolue, Hans Hinckseck brûla le billet qui aurait pu le compromettre, et réfléchit.

La situation lui apparaissait bien nette, à présent.

Ce qu'il s'expliquait mal, par exemple, c'était le mobile auquel obéissaient les frères de l'*Ut de poitrine*, en lui envoyant des accessoires d'évasion.

Personne ne le retenait à l'*Hôtel des Trois-Hémisphères*, d'où il pourrait sortir la tête haute et quand bon lui semblerait. Alors, que signaient l'échelle de corde et le poignard catalan?

Pensait-on qu'il avait peur?

Par bravade, il voulut s'en aller... tout de suite. Il courut à la porte. Mais il poussa aussitôt un cri de fureur. La porte résistait. Il tira plus vigoureusement. Vains efforts! On avait dû donner un tour de clef à l'extérieur.

Il fallait renoncer à fuir par là.

Restait la fenêtre, que l'intendant ouvrit.

* * *

En hiver, les jours sont courts, ou, pour mieux dire, la nuit arrive plus tôt qu'à aucune autre époque de l'année.

Dehors, le crépuscule était venu, jetant un voile sur les choses. Par delà les murs, les échos de la fête de Montmartre arrivaient affaiblis.

Sept heures sonnèrent à la pendule en rocaille...

— Allons... je n'ai pas un instant à perdre, murmura Hans Hinckseck.

Il déroula l'échelle de corde, dont il attacha l'extrémité supérieure à la barre de la croisée.

Puis il enjamba résolument l'appui, non sans avoir, en guise d'adieu, déchargé son revolver bull-dog dans la glace de l'armoire...

Avant de descendre, l'intendant risqua un furtif coup d'œil dans la cour. Elle lui apparaissait comme un puits noir dont la profondeur l'inquiéta. Au-dessous, une toiture de verre luisait, couvrant un petit bâtiment bas, des cabinets d'aisances probablement, et permettant de voir tout ce qui s'y passait.

Hans Hinckseck ne put s'empêcher de frissonner. Un faux pas et c'en était fait de lui. Il tomberait d'une hauteur de cinq étages et s'écraserait sur le sol, après avoir traversé cette vitrerie.

— Bah! j'en ai vu bien d'autres, pensa-t-il en descendant avec précaution.

Il avait à peine franchi le sixième échelon, qu'un bruit imperceptible se fit entendre. L'intendant, éperdu, interrogea les ténèbres d'un regard anxieux...

Et ce qu'il vit alors fut si terrible que ses cheveux en devinrent perpendiculaires.

Deux étages plus bas, à la hauteur de l'entresol, sur l'échelle aux montants de laquelle Hans Hinckseck se cramponnait à présent, pâle comme un mort, un individu se balançait, barrant le passage à l'intendant.

Cet individu était de taille moyenne, vêtu à la dernière mode, d'une suprême élégance, et, dans l'ombre qui commençait à envahir la cour, ses yeux luisaient, pareils à deux braises ardentes.

. . . .

(L'auteur en était là de son palpitant feuilleton quand on vint l'avertir que sa douche était prête.)

NARCISSE LEBEAU.

The Meat-Land

A ce récit, un sourire d'incrédulité fleurit sur mes lèvres et de petites lueurs de rigolade avivèrent l'éclat de mon regard.

Mon interlocuteur ne se démonta point, ce qui ne vous surprendra nullement quand vous saurez que mon interlocuteur n'était autre que le *Captain Cap*, ancien starter à l'Observatoire de Québec (c'est lui qui donnait le *départ* aux étoiles filantes).

Cap se contenta d'appeler le garçon du bar et de commander : *Two more*, ce qui est la façon américaine de dire : *Remettez-nous ça*, ou plus clairement : *Encore une tournée.*

Je connais le *Captain Cap* depuis pas mal de temps ; j'ai souvent l'occasion de le rencontrer dans ces nombreux *american bars* qui avoisinent notre Opéra-National et l'église de la Madeleine ; je suis accoutumé à ses hyperboles et à ses *bluffages*, mais cette histoire, vraiment, dépassait les limites permises de la blague canadienne.

(Les Canadiens, charmants enfants, d'ailleurs, sont, comme qui dirait, les Gascons transatlantiques.)

Cap me racontait froidement qu'on venait de découvrir, à six milles d'Arthurville (province de Québec), une carrière de charcuterie !

J'avais bien entendu et vous avez bien lu : *une carrière de charcuterie !* de *meat-land* (terre de viande), comme ils disent là-bas.

Je résolus d'en avoir le cœur net, et le lendemain matin, je me présentais au commissariat général du Canada, 10, rue de Rome.

En l'absence de M. Fabre, l'aimable commissaire, je fus reçu — fort gracieusement, je dois le reconnaître — par son fils Paul et l'honorable Maurice O'Reilly, un jeune diplomate de beaucoup d'avenir.

— Le *meat-land!* se récrièrent ces gentlemen, mais rien n'est plus sérieux! Comment! vous ne croyez pas au *meat-land?*

Je dus confesser mon scepticisme.

Ces messieurs voulurent bien me mettre au courant de la question, et j'appris de bien étranges choses.

Aux environs d'Arthurville, existait, en pleine forêt vierge (elle était vierge alors), un énorme ravin en forme de cirque, formé par des rocs abrupts et tapissés (à l'instar de nos Alpes) de mille sortes de plantes aromatiques, thym, lavande, serpolet, laurier-sauce, etc.

Cette forêt était peuplée de cerfs, d'antilopes, de biches, de lapins, de lièvres, etc.

Or, un jour de grande chaleur et d'extrême sécheresse, le feu se mit dans ces bois et se propagea rapidement par toute la région.

Affolées, les malheureuses bêtes s'enfuirent et cherchèrent un abri contre le fléau.

Le ravin se trouvait là, avec ses rocs abrupts mais incombustibles. Les animaux se crurent sauvés!

Ils avaient compté sans l'excessive température dégagée par ce monumental incendie.

Cerfs, antilopes, biches, lapins, lièvres, etc., se précipitaient par milliers dans ce qu'ils croyaient le salut et n'y trouvaient que la mort par étouffement.

Non seulement ce gibier mourut, mais il fut cuit.

Tant que la température ne fut pas revenue à sa norme, toute cette viande mijota dans son jus (ainsi que l'on procède dans les façons de cuisine dites *à l'étouffée*).

Les matières lourdes : os, cornes, peau, glissèrent doucement au fond de cette géante marmite. La graisse plus légère monta, se figea à la surface, composant, de la sorte, une couche protectrice.

D'autre part, les petites herbes aromatiques (à l'instar de celles de nos Alpes) parfumèrent ce pâté et en firent un mets succulent.

Ajoutons qu'un dépôt de *meat-land* doit prochainement s'installer à Paris, dans le vaste immeuble qui fait le coin de la rue des Martyrs et du boulevard Saint-Michel.

Une Société est en voie de formation pour l'exploitation de cette substance unique.

Nous reviendrons sur cette affaire.

ALPHONSE ALLAIS.

Le Sâr Péladan désavoué par l'Éternel

Une intéressante entrevue. — Le « home » du Tout-Puissant. — Le Sâr Péladan n'a aucune mission. — Pas de Messie en perspective. — Curieuses révélations sur la planète Mars.

Le directeur de mon journal, exaspéré par les prétentions de M. Joséphin Péladan, s'est demandé si l'intitulé « Sâr » avait vraiment une investiture divine valable.

Les affirmations de tous les conciles

possibles n'apportant là-dessus aucune preuve digne de foi, il fallait puiser à la seule source de renseignements sérieux. On nous a donc prié d'aller trouver l'Éternel lui-même et de tâcher d'obtenir de Lui une déclaration catégorique.

Ce n'était pas, à vrai dire, une tâche bien aisée. Il importait d'abord de découvrir le domicile de Dieu et les avis là-dessus étaient bien partagés. Il fallait ensuite décider le Seigneur à se départir du constant mutisme que, soit par timidité naturelle, soit par goût du mystère, il semblait s'être juré d'observer. Nous sommes arrivés à surmonter cette double difficulté, et nous avons le plaisir d'offrir aujourd'hui à nos lecteurs la première conversation détaillée qu'un simple mortel ait pu avoir avec une individualité dont l'importance du rôle, dans l'histoire du monde, n'échappera certainement à personne. Nous disons : la première conversation, car nous n'attachons qu'une foi médiocre à l'entrevue, dite du Buisson ardent, qui s'est produite en un temps où la presse n'existait pas, et où les moyens d'information étaient des plus rudimentaires.

C'est grâce à la complaisance d'un ange authentique, rencontré fortuitement, et dont le nom, d'ailleurs, n'apprendrait rien à personne, que nous avons pu, sous la promesse d'une certaine discrétion, connaître la demeure du bon Dieu.

Après avoir gravi le perron d'entrée, nous avons pénétré dans une antichambre où nous avons remis notre carte à l'ange de service. — Je vais la faire parvenir au Tout-Puissant, nous a-t-il dit aussitôt, en éteignant poliment son glaive de feu.

Nous pouvons l'avouer, nous nous sentions passablement ému à la pensée que, dans un instant, nous allions contempler les traits du Maître du Monde. Mais, à peine étions-nous introduit dans son cabinet, très clair et très simplement meublé, que notre émotion disparut tout à fait, pour faire place à l'intérêt très vif que suscitait en nous une telle visite.

Dès l'abord, nous constatâmes avec plaisir que l'Éternel, respectueux des traditions, portait sa légendaire barbe blanche et que son sourire avenant, ses yeux pleins de bienveillance ne démentaient pas son universelle réputation de bonté. Il nous indiqua avec une entière bonne grâce un siège placé en face de son bureau.

Le Créateur, il nous permettra de lui donner ce nom, se tient de préférence dans la pièce où nous nous trouvions. C'est une vaste chambre, éclairée par deux larges fenêtres. De chaque côté de la cheminée, se dressent deux lampadaires qui s'allument, quand vient le soir, sur un simple souhait du Seigneur. Les deux fenêtres donnent sur un ample jardin, habité par d'innombrables oiseaux, auxquels, chaque matin et de ses propres mains, le Tout-Puissant tient à donner la pâture. Aux murs du cabinet, soigneusement enca-

drés, s'étalent des dessins de planètes, des projets de système sidéral, et aussi des petits paysages non signés, d'une audace de couleurs vraiment singulière et qui feraient certainement sensation dans une exposition publique, car ils dévoileraient la façon curieuse dont leur auteur voit et rend la nature.

« Cher et très honoré Maître, avons-nous dit au début de l'entretien, le but

de notre visite, vous le connaissez sans nul doute, puisque vous connaissez tout. » Le bon Dieu s'inclina pour seule réponse. (Nous avions d'ailleurs pris la précaution d'inscrire quelques lignes explicatives sur la carte que nous Lui avions fait passer.)

Nous continuâmes : « On s'est justement ému dans la partie religieuse du monde littéraire des prétentions qu'affiche sans relâche le sieur Péladan. Nous avons donc pensé qu'il y avait lieu de procéder d'une façon sérieuse à une vérification de ses pouvoirs, en appelant en cause les autorités compétentes, et ce, dans le propre intérêt de ces dernières, dont le sieur Péladan pouvait compromettre, aux yeux des gens trop crédules, l'autorité et le prestige. Les âmes inquiètes devront nous savoir gré de démasquer et de confondre l'imposteur, si imposture il y a, et, dans le cas contraire, si la représentation officielle du Tout-Puissant sur la terre est réellement dévolue au dénommé Joséphin, de l'accréditer auprès d'elles afin qu'elles puissent, tranquillisées enfin, lui confier leurs intérêts moraux. »

Il y eut un instant de silence. Puis le bon Dieu prit la parole. Aucune expression ne pourrait rendre ce qu'il y avait de douceur et d'autorité dans sa voix :

« Ah! quel dommage, pensâmes-nous, que le Tout-Puissant ne fasse pas sa propagande lui-même. Comme la popularité viendrait à lui, rien que pour le charme de cette voix ! » Le Seigneur s'exprimait avec bon sens, simplicité, et aussi avec concision, en Dieu plein de tact qui, bien qu'ayant lui-même l'éternité à sa disposition, sait le prix du temps de ses interlocuteurs. « Au sujet de M. Péladan, nous dit-il, ma réponse sera nette. Je ne le connais pas plus particulièrement que chacun des quinze cents millions de terriens, ses congénères. Il n'a donc aucune qualité de parler en mon nom. Ce n'est pas dans mes habitudes de donner des démentis, et j'aurais d'ailleurs fort à faire de désavouer tous ceux qui journellement se prétendent inspirés de moi.

« Que les affirmations des faux prophètes fassent tort à mon prestige, c'est ce dont vous me permettrez de ne pas me soucier. Je ne me préoccupe

pas de l'admiration ou de la haine des hommes ; si le bon Dieu n'était pas désabusé sur les vanités, qui donc le pourrait être ? Je n'irai donc pas par mes récriminations grossir, comme on dit, la foule des inventeurs méconnus. D'ailleurs, ajouta l'Éternel avec un sourire, il sied au bon Dieu d'avoir confiance en sa propre justice.

« Non, continua le Tout-Puissant, personne n'a mission de me représenter sur la terre. Au fond, l'emploi des prophètes ne m'a jamais réussi et je suis décidé à y renoncer tout à fait. Je devrais même m'abstenir de toute intervention dans la marche du monde et laisser l'univers, créé par moi, se développer suivant des lois naturelles. Mais, quoi qu'on puisse dire sur ma sérénité, je ne puis me résoudre à rester inactif, et je donne quelquefois un petit coup de pouce, en dictant une résolution à quelque élu. C'est ce que d'aucuns, parmi vos philosophes, ont déjà dit. Je me plais à reconnaître qu'en cela du moins ils ne se sont pas trompés. Mais qu'y a-t-il d'étonnant ? Dans le nombre illimité de propos en l'air, qui courent sur mon compte, il s'en trouve parfois qui se trouvent exacts, par les seules lois du hasard.

« Pourquoi, poursuivit le bon Dieu, sur une question que nous lui fîmes, ai-je renoncé à l'emploi des prophètes? C'est que je commence à connaître un peu mes créatures. Je leur ai envoyé un Messie, porteur d'une parole admirable. Il leur a enseigné la charité. Croyez-vous que les hommes d'aujourd'hui soient meilleurs que leurs aïeux d'il y a deux mille ans ? Le Messie ne leur a laissé que sa robe de lin et sa couronne d'épines, et leur hypocrisie en a fait un travestissement nouveau.

« Ils ont aboli — direz-vous — l'esclavage. Il est certain que sur la Terre il ne reste plus guère d'esclaves de nom. Mais voilà qui nous entraînerait trop loin et je n'aurai d'ailleurs pas besoin de faire connaître mon avis là-dessus.

« Voyez-vous, continua familièrement notre illustre interlocuteur, il n'y a qu'un moyen d'agir sur les hommes, c'est de leur faire peur. Mes prescriptions hygiéniques, que dictèrent mes premiers prophètes, avaient leur raison d'être. La perspective d'un petit danger physique, bien proche, presque certain, agit plus sur vos faibles esprits que tous les enfers de l'autre monde et leurs grils problématiques. Les sermons des prédicateurs ne refrènent pas les débauchés et la crainte de la maladie est le plus sûr commencement de la vertu.

« D'ailleurs, toutes les théories que je vous expose, j'ai eu le loisir de les vérifier sur les différents mondes que j'ai mis en observation.

« Un jour ou l'autre, il faudra que je suggère à l'un de vos savants le moyen d'arriver à la planète Mars. Et vous verrez comment se conduisent ses habitants. C'est que depuis qu'ils existent, ils ont de moi une crainte salutaire, que j'entretiens avec soin, par une série de cataclysmes habilement espacés. Comme ils sont aussi civilisés que vous l'êtes sur la Terre, ils ont organisé des compagnies d'assurances contre la colère de Dieu, qui les indemnisent de leurs malheurs domestiques, mais à cette condition expresse que ces malheurs n'aient pas été mérités par leurs fautes ou l'impiété de leur conduite. Aussi consacrent-ils presque tous leur existence à la vertu, qui seule peut leur épargner des accidents fâcheux, ou les dédommager de ceux qui pourraient injustement leur survenir. »

Depuis un instant, nous brûlions d'adresser au bon Dieu une demande indiscrète. Nous l'esquissâmes avec force hésitations. Si l'Éternel, sous un discret pseudonyme, pouvait nous adresser de temps en temps quelque communication... le journal serait heureux... d'être son interprète...

Le divin visage exprima quelque contrariété, ce qui nous fit craindre d'avoir dépassé les limites de l'indiscrétion permise. Le Tout-Puissant nous répondit d'une façon évasive, et se levant de son siège : « Excusez-moi, dit-il, j'ai quelques mondes à créer... »

TRISTAN BERNARD.

Pourquoy la fille du « Cheval qui boëte » ne voulut poinct soy confesser à frère Jehan le Taupin.

Ah ! ah ! sur ma fy, bonnes gens, marchands d'andouilles, advocatz, hommes d'armes ou aultres, médicins, scripteurs basochiens ou tourneurs de rondels, compteurs de vesses, broudeurs de jarretiers, guardiens de pucellaiges, doreurs d'aiguillettes, be-

listres du palais Bourbon, questeurs, coquemardiers, raccommodeurs de lanternes, depucelleurs de bourdeaux, fariboliers, philosophes, souffleurs de billes vezées, petdenonniers, cocquas-

siers, cannibales, boucleurs de lemmes et yvrongnes — sur ma fy, et sur la teste trois foys sacrée de l'archi-moustardier-du Pape — je gage que vous feriez le tour de nostre belle ville de Chastelleraud, sans oublier Ingrandes, Targé, Clairvaux, voire même le bourg de Naintré — avant de treuver le quart, ou seulement le septier d'une fille comme celle dont je parle.

— Et de quelle parlez-vous donc, messire ?

— Ah ! bonnes dames, saiges femmes, béguines et sacristines, sorcières, baronnes et duchesses, somnambules, putes, demi-putes et doubles putes, bigotes, tresseuses de hottes, marchandes de carottes, graisseuses de bottes, et ravaudeuses d'échalottes, hault-de-chaussières, chemisières et braguettières — je veulx sur l'instant sans qu'on me laisse le temps de vuyder ce piot, estre abailardé et barbouillé de fiente d'hippopotame, s'il en est une seule entre vous qui vaille seulement la pantophle de ceste-cy !

— Quelle donc parlez-vous, seigneur ?

— Je parle, bonnes dames, hautes damoiselles, et puissants barons, je

parle de la fille de maistre Thomas
Vuydeteste, prévost des cousteliers de
Chastelleraud en Poictou.

Je parle d'une qui s'appeloit Jacqueline, et non d'aultre, et si je en
parle ce est que mon plaisir est d'en
parler, c'est qu'elle valoit bien que
j'en parlasse et si elle valoit...

Bonnes dames, puisque la chandelle est éteincte, point ne la rallu-
Bene! Optime! ne la rallumez, bonnes

testonnet et je cuyde qu'en vecy un
aultre ! la niche en est pleine ! — et
un aultre genoil aussy si n'ay la ber-
lue aux doigtz ! — et cecy qu'est-ce
donc ?

— Humph ! humph !

Ceste déjà nommiée Jacqueline Vuydeteste, ou Testevuyde si mieulx vous
aymez, estoit doncques emmy sa
chambre à l'heure que je vous ay dicte,
car elle yssoit du lict.

dames, si vous voulez sçavoir ce qui
advint à ceste dessusdicte fille.

Bene! Optime ! Je tiens à dextre
un teston et un genoil à senestre. Ces
deux-cy me serviront de compaignons
durant que je conterai mon affaire —
et si je prends le teston pour le genoil,
et que je cuyde tenir le teston en ca-
ressant le genoil, ou que je quitte
cestuy-cy pour aller chercher adven-
ture à l'entour, comptez que je vous
en advertiray, bonnes dames. Mais
pour l'amour de Dieu et des benoists
anges, lairrez coite ceste paouvre
chandelle !

Hum ! hum, krumph ! — Ceci est
pour voir si je ne ay poinct un destrier
emmy le gousier. Hum ! hum ! ah !
ah! le genoil est plaisᵗⁿt, — souëf le

Et comme aussy vous ay dict que
ce jour là estoit dimanche — et que le
dimanche il faut lairrer la vieille chemise et se vestir d'une aultre, — je
cuyde pouvoir advouer tout hault sans
mes droicts trespasser, oultrepasser
ni surpasser — que nostre Jacqueline
avoit la sienne ostée — et estoit nuë
comme vermicel, — non celui qui nous
vient de Naples (aultre chouse aussy
nous vient de là), non celui qui vient
de Naples pour être en souppe bouté,
et subséquemment brouté — mais nuë
comme vermicel des champs parmy
les choux ou naveaux.

— Humph ! humph ! parfait ! Poinct
ne ayez paour, le diable est emmy la
prison, et la chorde qui le tient est
solide ! — *Date obolum Belisario !* Ah !

ah! ce genoil me convient, par la
barbe du Pape! Pline l'Ancien affir-
moyt que le crural de la jambe placé
en amont du genoil avoit nom cuysse,
ce est-il vray? Et sçavez-vous comme

il souloit appeler... Mais laissons
cecy.., hum! hum!

Ceste Jacqueline estoit une bonne
dame, elle estoit nuë! Et Vénus, la
Belle Hélène, Cléopâtre, si elles
l'avoient vue, auroient esté par le serpent de jalousie mordues tost — tant
elle estoit belle ainsy. Vere on eust
dict statue de Florence!

Ses durs testons plus blancs que
laict (cestuy-cy est-il blanc ou doré?),
ses testons durs se dressoient ainsy
que fières tours dessoubs son long col
de palombe; son ventre satinizé estoit
doulx et poly comme yvoire, ses
haultes cuysses sembloient cuysses de
nymphe, et ses noirs cheveulx tom-
boient si bas que nul n'eust pu entre-
voir ses fesses!

(Fesses, nous dict Pline le vieil, sont
après cuysses! Ceci est-il fesse?
Nenni? Si ce est un genoil, il est bien
gros! Mais nous ne lairrons point
courir nos moutons!)

Elle estoit nuë, mais tost eust-elle

mis sa nefve chemisette, et adieu le
tant joly spectacle, régal de l'œil et
plaisir du cœur — adieu jusqu'au prochain dimanche! — Restoit alors le
visaige, lequel elle avait plus royal
qu'on ne le sçauroit dire; ses
yeux noirs estoient plus doulx que
le velours, et dessus estoit la tant
jolie arbaleste de ses sourcilz!

Et sa bouche estoit rouge et
flambante comme cerise nouvelle
— et elle avoit un nez de déesse
droict et long (cecy ne est pas mon
nez, petiote, ce est mon coustel).

Hum! hum!

Adoncques se estant affublée de
sa chemise la dicte Jacqueline,
print son gippon et puis sa cotte,
et puis mussa ses testons joliets dessoubs le brocart broudé de son corse-
let; puis fist à la bonne Vierge et au
seigneur Dieu, sa prière, demandant
le pardon de ses fautes et priant sa
patronne de tenir bien en poinct ses
parents.

Cecy faict et parachepvé, elle print
le benoistier qui estoit dessoubs les

ridels de son lict pendu, et par trois
foys y mit sa langue.

Et comme elle l'y boutoit pour la
tierse fois, soubdainement s'ouvrit la
porte et qui entra, jolies pucelettes,

sinon damoiselle Marthe, la fille du tavernier voisin à l'enseigne du *Cheval qui boële ?*

Ceste-cy qui s'en revenoit de voir son guallant et avoit sa coëffe toute frippée encore de ce qu'il lui avoit conté emmy le grenier, se print à rire comme une petite perdrix en gésine, si tost qu'elle eust vu à quelle sauce sa compaigne accommodoit sa parolière machine.

— Dà ! fist-elle, vecy, sur ma quenouille voisine, une mode que poinct encore ne cognoissois. Est-ce que vous la baptisez, ma mignotte ?

— Nenni, dist Jacqueline, cecy est ma pénitence ; le bon père Jehan le Taupin, qui m'a hier confessée, m'a recommandé chacque foys que je pécherois, de tremper en eau benoiste la partie de mon corps qui seroit coulpable, et comme je ay hier l'après vesprée menti à ma mère — je fais faire pénitence à ma langue.

L'autre se prit à rigoller de plus belle.

— Vere, dist-elle, vecy un capucin qui ne me confessera mie, car si même pénitence il me bailloit, je serois contrainte de me baigner depuis les pieds jusqu'au dessus des testons, et onc ne pourrois treuver en la ville assez d'eau benoiste pour le faire.

RODOLPHE SALIS.

Conte flamand

Moi, bon licheur de bière du bon pays de Valenciennes en Flandre, j'aime à conter les histoires des bons buveurs de mon pays... Je vais donc vous dire une de ces histoires réjouissantes...

Dans presque tous les villages du

Nord, presque toutes les maisons sont des petites fermes, presque toutes les petites fermes sont des cabarets, et dans presque tous les cabarets, il y a une pie, ou margot, ou agache, apprivoisée...

Il y avait donc une fois un cabaret, et dans ce cabaret, il y avait une agache, très sale, très maligne, et très bavarde... Il faut vous dire que cette agache savait un peu parler, parce qu'on lui avait coupé sous la langue quelque chose qui s'appelle « la filet ». Et, comme dans ce cabaret la bière était fort sûre, Margot l'agache n'avait eu garde de ne point apprendre cette plainte des clients : « L'bière al est sûre! »... Cet oiseau du diable répétait cela à tout propos, et le cabaretier, furieux de voir les clients déserter un à un son cabaret, était aussi furieux d'entendre l'agache répéter sans cesse: « L'bière al est sûre! l'bière al est sûre! »

Un jour donc, il se mit tout à fait en grande fureur, et il plongea Margot dans la cuvette à rincer les verres — pour la noyer... Puis, il sortit pour aller assister sa vache qui était en train de faire un petit veau.

La cabaretière, qui ne se doutait de rien, trouvant Margot à demi noyée, et se débattant encore un peu, la retira de la cuvette, et la mit à sécher devant le poêle de fonte tout rouge...

Quelques instants après, le cabaretier revint, portant dans ses bras le petit veau nouveau-né, et tout humide encore des rosées de la naissance... Et il le mit aussi à sécher devant le poêle de fonte tout rouge...

La pie et le veau restèrent alors seuls à sécher, dans le silence, troublé seulement par le tic-tac de la grande horloge à gaine.

Et voici ce qui se passa :

Margot la pie, pénétrée par la bonne chaleur du poêle, revint à elle peu à peu... Toute ragaillardie, elle se remit sur pattes, elle se secoua, se hérissa, se resecoua, se becqueta, se lissa... puis regarda autour d'elle... de son œil brillant et malin... Elle vit le veau qui était à côté d'elle : elle se rapprocha de lui et lui donna trois coups de bec, pour attirer son attention.

Et dans le grand silence, lui demanda, *très bas, très bas, car elle avait peur d'être renoyée* : « T'as donc dit aussi que l'bière al est sûre ? »

GEORGES HERBERT.

L'Ami de la nature

J'crach' pas sur Paris, c'est rien
     [chouett'!
Mais comm' j'ai une âm' de poèt',
Tous les dimanch's j'sors de ma boît'

Et j'm'en vais avec ma compagne
  A la campagne.

Nous prenons un train de banlieu'
Qui nous brouette à quèque lieu,
Dans le vrai pays du p'tit bleu,
Car on n'boit pas toujours d'cham-
  A la campagne.   [pagne

Ell' met sa rob' de la Rein' Blanch';
Moi, j'emport' ma pip' la plus blanch'
J'ai pas d'chemis', mais j'mets des
     [manch',

Car il faut bien qu'l'éléganc' règne
  A la campègne.

Nous arrivons, vrai, c'est très batt'!
Des écaill's d'huîtr's comm' chez Ba-
Et des cocott's qui vont à patt', [ratt'
Car on est tout comme chez soi
  A la camp — quoi!

Mais j'vois qu'ma machin' vous en...
      [terre,
Fait's-moi signe et j'vous obtempère,
D'autant qu'j'demand' pas mieux qu'
      [de m'taire...
Faut pas se gêner plus qu'au bagne,
  A la campagne.

    PAUL VERLAINE.

L'Horloger

A Liverpool réside la famille d'horlogers la plus extraordinaire peut-être du monde entier. Qui n'a entendu parler des Léopardi? Ces aimables gens, malgré leur nom italien, sont Anglais depuis plusieurs générations. Gabriel Léopardi, le chef de la maison, quoique sourd, borgne, goutteux, manchot, cul-de-jatte et affligé en outre d'ataxie locomotrice brochant sur le tout, vous fabrique une montre à remontoir, en vingt-quatre heures, avec le seul secours de sa paupière droite inférieure. — Cela ne tient-il pas du prodige, vraiment?

En dépit de ses infirmités, Gabriel Léopardi a fait souche ; actuellement, son fils aîné Archibald est, de fait, le principal moteur de cette puissante raison sociale (Watch's Central Manufactory Cᵒ Lᵈ). C'est à lui que je fus présenté par mon ami Mac Ocott, car le père Léopardi était parti courir le renard à Eaton Hall, la résidence somptueuse du duc de Westminster.

Vous ne pouvez faire un pas dans Liverpool sans entendre vanter l'habileté prestigieuse, l'honnêteté presque ridicule de cette intéressante famille.

Et avec ça, d'une simplicité exquise, malgré une fortune qui leur permettrait les fantaisies les plus insensées. Ils restent là, derrière leur comptoir, surveillant avec soin les moindres pièces qui entrent dans leurs magasins

ou qui en sortent. Les habitants de Liverpool sont aussi fiers de ces chevaliers du ressort que du grand quai flottant, une des merveilles de leur belle cité.

Je n'aime pas les exagérations, et j'étais, je l'avoue, agacé de ce dithyrambe d'éloges.

Mac Ocott m'avait dit : « Si vous avez besoin d'une bonne montre adressez-vous sans crainte à cette maison. Ainsi, tenez, en voici une, — et il me tirait un énorme oignon de sa poche, — je l'ai achetée chez les Léopardi, il y a quelque vingt ans ; elle marche aussi bien aujourd'hui que le jour de mon achat. Chaque quinzaine, il est vrai, elle avance de quelques heures et se met à battre la campagne ; mais je n'ai qu'à la leur porter, ils me la nettoient et ça ne me coûte que 5 shillings.

— Diable ! m'écriai-je, vous avez alors pour 13 livres sterling de réparation annuelle ; depuis vingt ans que vous possédez cette merveille, elle vous revient à 260 livres ; — c'est un chiffre, savez-vous ?

— Je ne dis pas non, répliqua mon ami ; mais, pendant quatorze jours, j'ai l'heure exacte, et cette considération mérite bien un petit sacrifice.

Devant cette philosophie, je ne trouvai rien de sérieux à objecter, et je demeurai même quelques instants dans l'attitude d'un gentleman idiot.

Toutefois, la confidence de Mac Ocott m'avait refroidi à l'égard de la loyauté de cette fameuse maison d'horlogerie. J'en ai tant connus de ces industriels qui, à propos de bottes, vous gardent une montre, sous prétexte qu'elle a besoin d'une lessive, pour vous la rendre plus salement détraquée qu'auparavant.

Voulant en avoir le cœur net, je me rendis un jour chez Archibald Léopardi, et, lui présentant un superbe chronomètre qui n'a jamais bougé d'une minute depuis cinq ans que je le possède, je lui dis :

— Elle ne va pas !

Il répondit tranquillement :

— Ce n'est rien, un simple nettoyage suffira.

Quelques jours après, visitant une de ces immenses usines qui font la gloire de Manchester, je ramassai un morceau de coke qui traînait à terre sous une chaudière et le mis machinalement dans ma poche.

Le soir même, de retour à Liverpool, j'allai chez les Léopardi.

Cette fois, j'eus affaire au vieux bougre de Gabriel.

Tirant l'escarbille de mon gousset, je la lui présentai :

— Elle ne va pas du tout.

Le bonhomme ajusta sa loupe dans son orbite, parut examiner l'objet avec soin, puis, posant le résidu sous un verre sans pied :

— Elle a besoin d'être nettoyée ; repassez dans quatre jours, ce sera 5 shillings.

J'étais dès lors fixé d'une façon absolue sur la valeur morale de la fameuse maison d'horlogerie Léopardi, de Liverpool, et, à mon grand regret, je me vis contraint de supprimer l'estime que je professais pour un industriel aussi intéressant.

MAURICE O'REILLY.

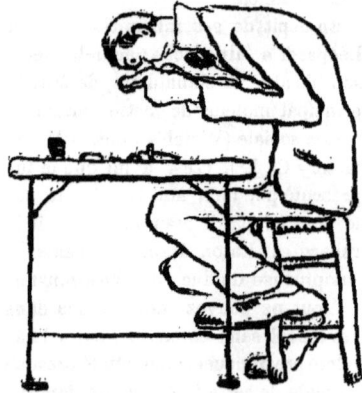

Un scandale

I

Miss Thompson, une des meilleures ouvrières piqueuses de la maison Flipp and Cᵒ, à New-York, passait son dimanche à sa façon habituelle.

Levée à sept heures pour le premier déjeuner, elle était remontée à sa chambre dont elle boucla la porte à double tour.

Puis, après avoir retiré de la commode au linge une forte bouteille de *Rye Wiskey*, miss Thompson se mit à la vider lentement, mais sûrement, affalée dans un *rocking-chair*.

Le petit verre passait avec une régularité automatique du ton insipide de cristal *sans rien dedans* au ton réjouissant d'or roux emprunté à l'eau-de-vie anglaise, qui est de la force de plusieurs chevaux, comme on sait.

Quant au visage jeune et pas mal en point de miss Thompson, il gardait une sérénité inaltérée ; seul un carmin délicat — qui ressemblait comme deux gouttes d'eau au carmin de la pudeur — se levait, telle une aurore sous l'influence réchauffante (je te crois) de la *liqueur enchanteresse*.

* * *

Sur le mur, miss Thompson voyait, avec une exaltation croissante, des chromos encadrés représentant des scènes de la Bible : *Agar au désert*, *Madeleine aux pieds du Christ*, avec des cheveux si longs qu'on eût dit une réclame pour quelque pommade capil-

laire. A côté, *l'État-major de Washington ;* le grand homme américain caracolant près de La Fayette, comme dans un cirque. Les montures — étonnamment ressemblantes à des chevaux en bois — pilaient de leurs sabots pacifiques le sucre sale qui figurait la neige, où les sapins de premier plan étaient si petits, — par respect pour les illustres cavaliers, — qu'on aurait plutôt dit une garniture de salade ayant la folie des grandeurs.

Mais l'œil de miss Thompson, de plus en plus noyé d'extase, revenait aux chromos bibliques; et sa poitrine se soulevait, émue d'un trouble sacré, tandis que sa main, devenue trem-

blante, feuilletait le cahier de cantiques sur la table.

Elle soupira encore, les yeux attachés sur la barbe bien peignée du Sauveur. « *Ah! Dear! Dear!* » puis se leva, sans trop de peine, et alla s'asseoir devant l'harmonium qui, bientôt, se répandit sous ses mains en suaves mélodies religieuses.

* *

A l'étage au-dessous, mister Lowendal et mistress Brown, qui commençaient à s'assoupir aux bras l'un de l'autre, — cela ne vaut rien de se recoucher tout de suite après déjeuner, — se réveillèrent délicieusement.

— *Is n't it nice! is n't it nice!* (N'est-ce pas beau! N'est-ce pas beau!) murmurait dans le cou de son amant la femme du policeman Brown, — lequel

était, ce dimanche, de service au quartier lointain de Brooklyn.

Les cantiques, lentement pleurés par l'harmonium, faisaient rêver le couple amoureux d'une ascension au Paradis; — une ascension confortable, sans se presser d'arriver, soutenus par de petits anges nègres, de préférence, car cette race ne craint pas les lourdes besognes, et mistress Brown commençait à peser ses quatre-vingts.

Ce qui ne l'empêchait pas d'être une exquise et très gaillarde maîtresse pour mister Lowendal; — seul, son mari la trouvait d'une vertu un peu glacialement austère.

Cette musique pénétrante adoucit même si bien les mœurs du couple enlacé, que de nouveaux baisers, muets mais bien informés, les firent défaillir dans une étreinte décisive.

* *

L'harmonium, là-haut, s'était tu.

Sans doute miss Thompson s'abandonnait à une silencieuse et édifiante extase, peut-être s'était-elle simplement endormie de ce sommeil du juste qui ressemble d'une façon frappante au sommeil de l'ivrogne.

Les paupières des deux amants battaient à nouveau de lassitude tendre, lorsque de la chambre d'en face les sons d'un piano leur parvinrent.

Cette fois, ils furent redressés d'un mouvement brusque et assis raides l'un près de l'autre, les yeux agrandis d'étonnement effrayé.

— *Is it possible!* (Est-ce possible!) déclamèrent-ils en duo, les mains jointes, comme pour conjurer par une prière la colère divine et détourner la foudre prête à tomber sur la maison où se perpétrait un tel sacrilège.

C'était dans l'appartement du ménage français arrivé de la veille qu'on entendait ces sons criminels.

Une valse d'Hervé!

Une valse!!!

De la musique profane un dimanche!!!

— Ah! on n'a pas tòrt de dire que le continent est perdu d'impiété et de vice, — prédica mistress Brown.

— La fin du vieux monde est proche, ajouta avec conviction mister Lowendal.

Sur ce, ils s'endormirent, car ils étaient très fatigués.

II

A deux heures précises, tous les locataires étaient réunis dans le *dining-room* autour de la table *pour* le lunch.

Une jolie fille de dix-huit ans, blonde et rose délicatement comme une vierge rêvée par un préraphaélite, servait les déjeuners.

Le repas s'expédiait avec une rapidité vertigineuse, comme entre deux trains et dans un silence interrompu, seulement, par quelques *don't* (ne le faites pas) agacés de la servante lorsqu'un pensionnaire lui pinçait la cuisse sans rire le moins du monde.

Les tasses de thé emplissaient l'air d'une fine buée odorante et quelques propos s'échangeaient.

— Mister Brown n'est pas là, aujourd'hui? demandait par-dessus la table mister Lowendal à sa maîtresse.

— No, sir, il est de service, — répondait l'épouse de l'heureux policeman.

— Vous nous avez fait de bien belle musique, miss Thompson.

Une taciturne mais intense réprobation enveloppait le couple français, — un peintre avec sa femme, — à cause de cette autre musique qui était une émanation de l'enfer.

Un gentleman démesurément long, sec et blême, qui, debout, avait l'air d'un pendu, — contait l'arrestation d'un restaurateur qui servait de la bière et du vin le dimanche.

Le gentleman français, qui écoutait les conversations avec ce recueillement dont on fait preuve lorsqu'on ne comprend pas une traîtresse syllabe d'une langue, dut sans doute saisir un mot au passage qui lui donna une idée; car, après avoir demandé la clef de leur chambre à sa femme, il disparut puis revint avec une bouteille de vieux cognac (imported).

Le but ne pouvait être douteux. C'était évidemment pour en boire après son café et en offrir peut-être à sa femme!

Et devant tout le monde!!

Un dimanche!!!

Ceci rendit à peu près stupides d'indignation les pensionnaires qui désertaient maintenant le *dining-room* en soupirant, accablés:

— N'est-ce pas une abomination!!

— Oh! shocking!

* * *

Et miss Thompson, en remontant prestement à sa chambre pour s'y re-enfermer, jeta à mistress Brown qui rentrait aussi:

— C'est pourtant si facile d'être correct.

MARIE KRYZINSKA.

Raccommodage

Après ses sottes aventures
Et de serments et de ruptures,
Notre amour n'est-il pas ainsi
Qu'un plat de Bernard Palissy
Remis à neuf par vingt sutures?

Et du merle blanc quelquefois,
Quand nos bouches buvaient nos âmes.

Pas un profil, pas une fleur
N'a laissé pâlir sa couleur,

Amie, il faut le ménager,
L'accrocher vite ou le ranger
Avec la plus grave prudence,
Soit au mur ou sur la crédence,
Pour qu'il ne coure aucun danger.

Au temps où s'accordaient nos âmes,
Plus d'une fois nous y mangeâmes
La soupe et le bœuf du bourgeois

L'émail en est invulnérable :
Pourquoi notre main misérable
Causa-t-elle donc ce malheur?

Qu'il vive de longues années!
Et que ses cases fleuronnées
Dorment dans une heureuse paix,
Nous lui mettrons un voile épais
Qui l'isole des araignées.

Il n'ornera plus nos repas,   Comprends-tu bien par ce poème
Car tout choc serait un trépas   Que nous trépasserons de même
Si lugubre et si prosaïque :   Si nous continuons ce jeu ?
Le plus artiste en mosaïque   Et pourtant tu m'aimes un peu,
Ne le raccommoderait pas.   Et tu crois pourtant que je t'aime !

MAURICE VAUCAIRE.

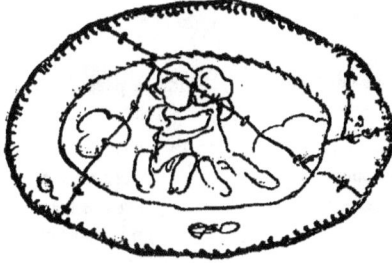

Pour Lise

Deux vieux grammairiens rivalisaient pour Lise.
Mais un juge, plus preste, ou plus tendre, l'a prise
Et la loge en garni près la gare de l'Est.

MORALE

Grammatici certant, sub judice Lise est.

WILLY.

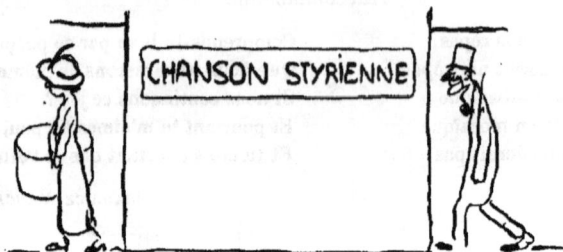

CHANSON STYRIENNE

Elle trottinait, légère comme une biche...
Elle était blonde et parisienne...
Elle avait des yeux tapageurs...
Son talon faisait comme ça : Tra la la la la !
Et je la suivais — moi, — comme un caniche.

* *
*

Dans le passage des Princes,
  Elle dit : Faut qu' tu m' rinces !

* *
*

Dans le passage Jouffroy,
  Je pris un air froid.
Dans le passage Verdeau,
  J' lui fis un cadeau.

* *
*

Dans le passage Vivienne,
  Ell' me dit : J' suis d'la Vienne !
Et elle ajouta :

    J'habite chez mon oncle,
    C'est le frère à papa ;
    Je lui soigne un furoncle...
    C'est un sort plein d'appas.

. . . .

J' devais r'trouver la donzelle,
  Passage Bonne-Nouvelle.

* *
*

Mais en vain je l'attendis
  Passage Brady.

* *
*

Les voilà bien, les amours de passage !
                    NARCISSE LEBEAU.

Ballade à Villon

pour être dite en l'hostellerie du Chat-Noir

Le temps n'est plus où tu robbais viandes,
Et dans la terre on te laisse seulet,
Pauvre Villon, sans flûtes ni guirlandes...
Mais vois tes fils, ô sire maigrelet,
Toi que mordaient tous les chiens au mollet :
Pour relustrer ta mémoire flétrie,
Ils sont venus dans cette hostellerie,
Et vers ton âme éclose papillon

Nous crions tous, afin qu'elle sourie :
Un coup de vin pour le pauvre Villon !

Tes compagnons sont morts, et leurs truandes !
O vagabond, toi que rien ne troublait,
Ami du fol et terreur des marchandes,
Bon maquereau, basteleur et valet
Que le trépas prit souvent au collet,
Réjouis-toi d'une éternelle vie !
Tu sus mêler dans ton cœur sans envie
L'âpre douleur au rire vermillon.
Ta renommée en est toute fleurie :
Un coup de vin pour le pauvre Villon !

Tu n'amasses ducats d'or ni prébendes,
Frère de ceux dont le corps triste et laid,
Déchiqueté par de sinistres bandes,
Pour les corbeaux aux potences tremblait !
Sont en enfer, comme mouches en lait.
Ton corps à toi, dont l'âme endolorie
Par tant de mains cruelles fut pétrie,
Christ l'a couvert de son blanc pavillon
Afin de plaire à la Vierge Marie :
Un coup de vin pour le pauvre Villon !

ENVOI

Prince du ciel, entends celui qui crie :
« Miséricorde à sa mutinerie ! »
Que dans l'azur roule un clair tourbillon
D'anges benoîts, prêts à la beuverie :
Un coup de vin pour le pauvre Villon !

VICTOR MARGUERITTE.

Ballade

Te voilà, Printemps, vieux jeune
                 [homme,
Avec tes vertes frondaisons
Et le drap vert de tes gazons!
Ah! tu n'es pas très neuf, en somme!

Et pourtant, dès que tu parais,
Les bruns garçons, les filles blondes
Autour de toi dansent des rondes,
Comme les mouches dans les rais

Du soleil. Ohé! les poètes! -
Amours, beaux jours, chansons, pin-
                 [sons,
Aveux, doux vœux, frissons, buissons,
Joli mois de mai, tu m'embêtes!

Aube claire de rose thé,
Crépuscule d'héliotrope,
Tout cela me rend misanthrope,
Car je n'ai plus, en vérité,

L'âge des emballements roses :
Quand je rêvais que le Destin
Me servirait, chaque matin,
Une princesse avec des roses

Autour, dans un rare décor
Où des esclaves accoudées
Rêvent parmi les orchidées ;
L'âge où je n'avais pas encor

Brûlé ma dernière cartouche,
Quand ma maîtresse, joliment,
Me grondait d'être trop gourmand
Et toujours porté sur sa bouche!

Et malgré ton éclat, Printemps,
Et les serments des amoureuses,
Je sens les angoisses peureuses
Du deuil automnal et du temps

Où tous nos bonheurs, par jonchées,
Avec les rameaux arrachés
Sont lamentablement couchés
Sur les pelouses desséchées.

Des hommes, beaux comme des dieux,
Emmènent à leur bras des femmes
Qui sont belles comme les femmes;
Toutes et tous ont dans leurs yeux

Des regards longs comme des lances.
Ils passent devant ma maison,
Ils me disent : Viens-tu?... Mais on
Ne me la fait plus aux troublances!...

Vous pouvez me tendre la main,
Non, je ne serai pas le vôtre;
Dans ma sagesse je me vautre,
Passez, passez votre chemin!

Et, le cerveau bleuté de rêves,
Allez adorner de lilas
Le corsage des Dalilas
Dont les amours, comme eux, sont
             [brèves!

Malgré mon amour des lointains,
En vain madame Chrysanthème
Viendrait me murmurer: Je t'aime!
Car, sans baiser ses ongles teints,

Je la renverrais, éplorée;
Et si la reine de Saba,
Pour quelque biblique sabbat,
Me montrait la forêt sacrée,

Je la dédaignerais aussi.
Non, je ne crois plus que l'on m'aime.
Donc, à quoi bon souffrir? Et même
La blonde au corsage aminci

Qui vit sans que je la connaisse,
Celle dont j'ai rêvé longtemps
La venue, un soir de printemps,
Peut venir, claire en sa jeunesse!

Pour montrer quel homme je suis,
Quel homme je veux toujours être,
Qu'elle passe sous ma fenêtre...
Je prends mon chapeau, je la suis.

MAURICE DONNAY.

Les Poissons rouges

A Paul Fabre.

Lors de mon dernier voyage à Birmingham, on me présenta à une brave et digne femme, Mrs. Clarkson, qui tient un boarding-house pour policemen et dont la vie a été marquée par un événement extraordinaire.

Les deux choses ne sont pas incompatibles.

Joe Clarkson, son défunt mari, avait d'abord été pasteur de la *Christian and Baptist melancholic Church (limited)*.

Emporté, certain dimanche, par l'excitation d'un véhément sermon contre le Pape, il perdit l'équilibre et tomba du haut de sa chaire sur des fidèles d'un naturel malheureusement pointu ; il en eut les jambes transpercées comme une écumoire. On fut obligé de les lui amputer.

Ce que voyant, il se mit marchand de poissons rouges.

Vous m'objecterez que c'est bien étonnant, et que les pasteurs victimes de leur devoir ont droit, en Angleterre, à de grasses rémunérations. C'est possible. Mais le Révérend Clarkson avait fondé une secte dont prenaient ombrage les trois mille et quelques églises voisines qui composent l'unité religieuse anglaise. Les dignes confrères de **Mr.** Clarkson furent enchantés de l'incident et ne s'en cachèrent pas.

Il n'eut, du reste, pas trop à se plaindre de son malheur. Bientôt il devint le premier marchand de poissons rouges de Birmingham. La Reine elle-même ne dédaignait pas de venir,

une épuisette à la main, pêcher quelques poissons dans ses immenses aquariums.

Mais le Destin avait jeté sur lui son plus mauvais œil.

Un soir, Mr. Clarkson ayant eu l'imprudence de faire, sans chandelle, l'inspection de ses viviers, piqua une tête dans un énorme bocal où se pré-

4

lassaient trois cent vingt-huit cyprins dorés.

En moins de temps que vous n'en mettrez pour lire cette phrase, il était dévoré par ses pensionnaires, et le lendemain, on ne retrouva que les deux jambes de bois qui flottaient mélancoliquement, la quille en l'air.

Jusqu'ici, rien de bien extraordinaire ; nous sommes, vous et moi,

chaque jour témoins d'événements semblables ; mais voici où commence l'originalité de cette aventure.

En bon citoyen anglais, Mr. Clarkson avait déshérité sa femme, ne lui laissant que quelques escarbilles hors d'usage, tandis que tout le gros de son avoir passait entre les mains d'héritiers rapaces.

Ces gens firent irruption dans les magasins de feu Clarkson, le lendemain même de la catastrophe.

La veuve inconsolable, et un peu abrutie par ce trépas qu'aucun médecin n'avait prévu, ne put rien dire contre cette dégoûtante façon d'agir. Seulement, quand les héritiers voulurent faire enlever le bocal aux trois cent vingt-huit poissons rouges, elle bondit, et poussant un hurlement de

tigresse blessée dans ses plus chères affections :

— Ces trois cent vingt-huit poissons représentent le corps du Révérend Clarkson, rugit-elle, et j'entends les faire mettre en bière, les honorer des prières de l'Église et les inhumer dans un cimetière chrétien !

Les héritiers, surpris, firent un nez démesuré, car ils se fichaient des restes de Clarkson comme d'une guigne, et il y avait justement ce jour-là une hausse scandaleuse sur les poissons rouges.

D'autant plus que ces derniers, à la suite de cette bombance imprévue, étaient devenus gras, dodus, et d'un rouge apoplectique inconnu jusqu'alors chez leurs congénères, — ce qui devait tenter les amateurs.

Pour transiger, les héritiers offrirent à la veuve de lui laisser les guibolles artificielles de l'ex-Révérend, mais Mrs. Clarkson ne voulut rien entendre. Comme ce point de droit n'était pas, en somme, des plus clairs, toute la bande des solicitors, barristers, attorneys, etc., fut appelée, et un procès s'engagea.

En attendant l'issue de cette cause, on mit les scellés sur le bocal, et on en confia la garde à un homme de loi quelconque.

Un procès de la simple espèce dure, en Angleterre, une quinzaine d'années, — pour peu que les juges y mettent quelque activité. Celui-ci menait son petit bonhomme de chemin et devait apparemment traînailler encore un quart de siècle ou deux.

Pendant ce temps, les poissons rouges claquaient comme des mouches, et le gardien des scellés, qui n'était pas au courant de la nature du litige, jetait irrévérencieusement les trépassés à ses chats.

Il avait biffé de son budget l'article « mou », ce dont lui et sa femme s'applaudissaient fort.

Le 13 septembre 1884, il ne restait plus dans le bocal qu'un seul cyprin doré. Pris de scrupules, le gardien des scellés crut de sa conscience d'en avertir la *Court house*, qui, elle-même, en prévint, par les voies juridiques ordinaires, Mrs. Clarkson et les héritiers.

Ceux-ci, voyant qu'ils s'étaient embarqués dans une affaire désormais mauvaise, firent arrêter les frais. Le dernier des trois cent vingt-huit cyprins fut remis entre les mains attendries de Mrs. Clarkson.

N'ayant pu, malgré toutes ses démarches, obtenir l'admission des restes de son époux en terre chrétienne, elle fit faire un mignon cercueil en verre, où le poisson rouge fut pieusement déposé. Une plaquette en métal, vissée dessus, portait cette simple inscription :

Ici repose le corps

DU RÉVÉREND CLARKSON

marchand de poissons rouges

Dieu ait son âme!

Mrs. Clarkson garda toujours religieusement cette relique sur la cheminée de son salon ; c'est là que je l'ai vue, le mois dernier.

Et quand, à l'aspect de ce petit paquet d'arêtes, quelque ignorant dit à la veuve :

— Il avait une fichue conformation, votre mari?

Elle répond avec le plus grand flegme :

— C'est que, voyez-vous, il était cul-de-jatte!

MAURICE O'REILLY.

Les Polonais

Fragment d'un poème épique

I

En ce temps-là, le duc Jean Soulografieski,
Prince des Polonais et Ruthènes à qui
Sa soif de Danaïde avait donné la gloire,
Descendit longuement de son trône, et, sans boire,
Dit aux ivrognes vieux qui formaient son conseil :
« L'heure est enfin sonnée au cadran du soleil,
« L'heure où, sur les Gaulois, ces buveurs à vergogne,
« Devra prédominer l'étendard de Pologne,
« L'étendard rouge et jaune et blanc, drapeau divin
« Dont la forme est bouteille, et dont le fond est vin. »
Et les vieux, inclinant leurs chevelures pâles,
Dirent : « C'est bien ! » —Pendant ce temps, comme des râles,
Et des plaintes de mort, montaient du fond des cours
Des roulements inextinguibles de tambours.

II

L'armée était rangée au loin sous les bannières :
On avait réuni des nations entières,
Et tous les cultes — sauf le culte musulman —
Avaient pris rendez-vous au lieu de ralliement.
Une sainte fumée, un nuage d'ivresse,
D'alcool et de tabac, tournait avec paresse
Au-dessus des guerriers ivres, sous les pennons,
Près des fûts-obusiers et des tonneaux-canons.
Or, Soulografieski, le rude gentilhomme,
Ayant tari d'un coup de langue un vidercome
Qui lui venait du vieux Noé Vigneron-Roi,
Descendit vers la plaine au dos d'un palefroi,

Célèbre, entre tous les palefrois de Slavie,
Pour son ardeur étrange à boire l'eau-de-vie.
Quand le duc arriva, les mirlitons et cors
Sonnèrent, éveillant les guerriers ivres-morts.
Mais lui, se redressant sur ses étriers doubles,
Cria : « Salut à vous, lansquenets aux yeux troubles,
« Templiers et sonneurs, soudards mal dégrisés,
« Héroïques pochards aux ventres arrosés
　Par tout ce que la terre a produit de liquides,
　Salut ! J'ai réuni vos bataillons avides,

« Etincelants de tous les rubis de vos nez,
« Pour guider votre rage aux combats forcenés ! »

． ． ． ． ． ． ． ． ． ． ． ． ． ． ． ． ． ．

Là, les guerriers, frappant leurs cuirasses vermeilles,
Firent un cliquetis féroce de bouteilles ;
Et, tous, ainsi qu'un bois que l'ouragan émeut,
S'inclinèrent, criant : « Dieu le veut ! Dieu le veut ! ! »

III

Ils marchèrent pendant trente-quatre semaines,
Par les vallons, par les coteaux, et par les plaines,
Râlant les chants d'ivresse, et traversant les bourgs
En tapant sur la peau d'âne de leurs tambours !
Les renforts arrivaient tout le long de la route.
Et l'on ne s'arrêtait que pour boire la goutte ;
Quand les gourdes étaient pleines, on les vidait ;
Et l'on coupait la tête à quiconque rendait.
Champagne, puis Bourgogne et Gascogne s'unirent
Aux Normands, ces buveurs de cidre, et se soumirent.
Rien ne résistait plus que Paris, où les purs
Buveurs d'eau les voyaient venir du haut des murs.

IV

Les pâles buveurs d'eau, les reins ceints d'une corde,
Etaient debout sur la place de la Concorde,
Ayant, pour les guider aux suprêmes combats,
Carémus, empereur des mauvais estomacs,
Le prince de la Dhuys, et le duc de la Vanne,
Oxyde d'Hydrogène avec sa dame-Jeanne,
Don Benito de Lourde, et plus loin — ô stupeur!
Le maréchal Pompier et sa pompe à vapeur.
Or la terreur muette, aquatique, et servile,
Tenait sous ses genoux de cristal la Grand'Ville!
Et l'on n'y vivait plus, car on n'y buvait plus...
Les mutins les plus fiers et les plus résolus
Etaient domptés! Et l'Eau, cette artiste en naufrages,
Avait rincé les cœurs et noyé les courages.
L'Anglais s'étant rendu, Brébant capitula,
Et d'un crêpe vert-d'eau le Riche se voila,
Les mougicks d'omnibus, et les mougicks de fiacres,
Gosiers habitués aux liqueurs les plus âcres,
Maintenant l'œil atone, et le nez presque éteint,
Allaient *tuer le ver* aux gobelets d'étain
De Wallace! O canons transformés en seringues!
Et fades, ils songeaient aux défunts mannezingues!
O vin blanc du matin! trois-six, et bock du soir!!
L'Eau maudite régnait sur Paris, Eteignoir!

V

Or, Soulografleski, là-bas, rangeait ses troupes.
Ce n'était qu'un fouillis d'ivrognes et de coupes
Que la marche forcée et titubante, hélas!
Faisait choir en désordre. On se remit au pas.
— A droite était Bacchus, prince des Vignes-Fières,
A gauche, Gambrinus qui gouverne les Bières;
Au centre, ce cadet de Gascogne, Cognac,
Devant qui les géants eux-mêmes ont le trac.
Le gros major Bitter était à l'avant-garde,
Auprès de l'intendant supérieur Moutarde.
Le petit colonel Vermouth serrait le frein
A son grand cheval jaune arrivé de Turin :
Il commandait le régiment d'Absinthe-Suisse,
En éclaireur, ayant sa troupe sur la cuisse.
Suivi de Radis-Beurre et du Vaillant Anchois.

Oh! l'armée homérique, oh! les princes! les rois!
Les noms des Crus, les noms de la Distillerie!
Le duc d'Ay-Mousseux tenant l'Artillerie!
Parmi les fantassins Sauterne, ce lion;
Graves, avec Chablis et Saint-Emilion,
Château-Margaux! Pomard, le rationicide.
Yquem près de Vougeot, et l'Argenteuil, timide,
Mêlant sa veste bleue aux rouges juste-au-corps
Des massifs Roussillons et des puissants Cahors;
Johannisberg le reître, et Tokay le burgrave,
Et Lacryma-Christi bouillant comme une lave;
Puis, fièrement coiffé d'un large sombrero,
Madère-y-Muscatel-y-Xérès-y-Porto!
— Rien que pour l'aile droite, ô Gloire! — Pour l'autre aile
Le duc Bock, avec Stout, Faro, Porter, Pale-Ale!
L'amiral Half-and-Half, neveu de ce dernier,
Sir Scotch-Ale, Houblon, porté dans un panier
Par Orge et Buis; ailleurs Prechtel, la vieille croûte,
Et le feld-maréchal Von Der Sauciss-Choucroûte,
Avec Pipe-Kummer près de Royal-Tabac.
— Vers le centre, et suivant ton panache, ô Cognac!
Un flot de combattants aux couleurs alarmantes :
Mêlé-Cassis, Trois-Six, Armagnac, les deux Menthes;
Raspail, ce convaincu! Kakao, ce Shocking;
Kummel le nihiliste, et Curaçao-Focking;
Et vos trois bataillons, Chartreuses-Amazones;
Les vertes au milieu des blanches et des jaunes.
Parmi ce flot de durs et roides combattants,
J'en passe des plus fiers et des plus éructants,
Qu'importe? On fit sommer la Ville de se rendre.
Carémus répondit simplement : « Viens la prendre! »

Émile Goudeau.

Celles que nous aimons

Elles seront toujours les décevantes sphinges
Avec des yeux d'enfants et des âmes de veaux.
Nous ne saurons jamais, malgré leurs airs dévots,
Quels rêves malsains tripatouillent leurs méninges.

Nègres, maquereaux, chiens, femmes, cabots et singes,
Hélas ! il faut songer que tous sont nos rivaux
Et qu'elles ne font trêve à leurs petits travaux
Que douze fois par an lorsqu'elles ont leurs linges.

Or, le sachant, c'est nous qui sommes les pervers.
Et quand nous en sortons, la tête endolorie,
Qu'une vienne à passer, vicieuse aux yeux verts,

Nous faisons de l'esprit, nous ciselons des vers
Et nous nous prosternons devant Sa Seigneurie,
Son Excellence, Sa Grâce, Sa Rosserie.

MAURICE DONNAY.

Noir animal

Tandis que, sous un parapluie, en un fauteuil dont quatre verres étayaient les pieds, — verre et soie isolent, — la douairière écoutait l'orage, le vicomte, son gendre, lisait.

Navré de la bévue d'un sommelier qui, se trompant de fût, avait décanté

dans un baril à vin rouge le blanc 1860, orgueil de la cave, il demandait à la chimie un décolorant.

Et ses yeux s'étaient arrêtés à cette phrase :

« *Le meilleur agent de décoloration est le noir animal, charbon produit par la calcination des matières organiques.* »

Le vicomte lut, relut, regarda sa belle-mère avec intérêt, alla quérir un fil de fer, adapta l'un des bouts à la tige du parapluie, l'autre au paraton-

nerre du château, et attendit les événements.

* *

Attente brève.

Le tonnerre grondait sans interruption. Un coup retentit, plus crépitant, qui ébranla les murs. Le vicomte accourut. Ça y était : intacte, mais carbonisée.

Il l'étendit sur une nappe. Comme le corps s'effritait, ce fut un jeu de casser les parties dures, écraser les molles, piler l'ensemble et glisser dans le baril la poudre ainsi obtenue.

Quand, après une heure d'incubation, le vicomte approcha du robinet l'un des verres, — verre et soie avaient été préservés, — une angoisse l'étreignit :

— Le vin coulerait-il blanc?
Il coula blanc.
— Sans altération de goût?
Sans altération de goût.

Alors, au souvenir de celle à qui le résultat était dû :

— Elle avait du bon, dit-il attendri, il fallait seulement connaître la manière de s'en servir.

JEAN PIC.

Les Cure-dents

A notre Mæterlinck.

Sur les tables des restaurants à prix modiques,
Nous sommes les tristes cure-dents mélancoliques.

Toujours le voisinage banal
De la carafe (peut-être bien en cristal),

Et du pot, du petit pot disgracieux, où s'attarde
Bornibus (sa moutarde?).

Rêves enchanteurs
Des destins meilleurs...
Oh! devenir, comme nos sœurs,
Les plumes fécondes d'un grand auteur!...

Mais ce songe n'est qu'un mensonge :
Le dîneur affamé nous ronge,
Éternellement taillés et retaillés — comme des ongles.

Puis parfois le bourgeois en joie
S'offre le régal royal d'une oie ;
Et nous reconnaissons, dans le repaire de ses molaires,
La chair, dont il fit sa chère, qui nous est chère...

Alors il nous souvient
Des jours anciens,
Et du soir d'automne où quelque servante accorte
Pluma notre pauvre mère devant une porte.

« En fermant les yeux je revois
« L'enclos plein de lumière,
« La haie en fleurs, le petit bois,
« La ferme et la fermière... »
(Comme dit si ingénieusement Hégésippe Moreau.)

Sur les tables des restaurants à prix modiques,
Nous sommes les tristes cure-dents mélancoliques.

FRANC-NOHAIN.

La Bouteille de vernis

Au commencement, Dieu fit le ciel et la terre. Le premier jour, il fit la lumière... Le septième jour il se reposa, et toute sa semaine suivante fut consacrée à la création du schiedam.

Le bon gros vieux Hults Kamp, que j'ai beaucoup connu personnellement, et qui était, je peux le dire, l'un des plus joyeux hommes de la Hollande, possèdait une fâcheuse infirmité : il ne pouvait faire vingt pas sans être formidablement altéré.

Si bien qu'il lui arrivait fréquemment, lorsqu'il parcourait un petit mille dans sa journée, de boire jusqu'à trente ou quarante verres de schiedam sans compter les anisettes, car il prétendait que l'anisette fait passer le goût du schiedam ; et il n'aurait pas lâché son idée pour la grosse horloge du Parlement.

Cependant il trouva son maître.

Un jour d'été, à Amsterdam, par 75 degrés Fahrenheit au-dessus de zéro, ce bon gros vieux Hults Kamp rencontra, sans s'y attendre le moins du monde (Dieu sait si c'est à cela qu'il pensait !), le terrible mécanicien qui tua une fois, près de Leyde, trois hommes d'un seul coup de barre de fer ; je veux parler de ce satané bougre de James Starck...

Or, comme ils ne s'étaient pas vus depuis trente ans environ, ils burent au moins cent schiedams, avant d'avoir la force de se serrer la main.

— Eh bien ! fit alors Hults Kamp, il fait fièrement chaud, aujourd'hui...

— Certainement, répondit l'autre, voilà bien une heure que j'essaye de me désaltérer, et je ne peux pas y parvenir.

— C'est précisément comme moi, reprit le vieux Hults Kamp, cependant je dois avouer qu'une bonne bouteille de schiedam a son charme...

A cette déclaration, l'homme eut une moue qui voulait dire qu'en aucun pays du monde, une bouteille ne pouvait avoir autant de charme que deux, trois ou quatre bouteilles de la même liqueur. Cependant, au bout d'un instant, il continua :

— Dites-moi, mon vieux, fit-il, en frappant Hults Kamp à l'épaule, avez-vous jamais eu véritablement soif une fois dans votre vie?

— Si j'ai eu soif! répondit le bon gros vieux; je ne connais que moi pour avoir eu aussi soif! Un jour, il y a vingt ans, après une course à cheval, j'ai bu dix-huit bouteilles de bière sans désemparer... Je m'en souviendrai longtemps...

— Eh bien! moi, reprit James Stark, le jour où j'ai eu le plus soif, c'était en Amérique, lors de la construction du *Canadian Pacific.* En plein mois d'août, je me suis trouvé, avec ma voiture et mes outils, à dix milles environ de Vancouver, sans une bouteille d'ale, sans une fiole de vin, pas même une miette de brandy!... Eh bien! j'avais tellement soif que j'ai bu, d'un seul coup, un litre plein de vernis.

— Vous n'aviez donc pas d'eau?

— Plaît-il?

— De l'eau, vous n'en aviez donc pas?

— Ah! de l'eau!... Oh! si, il devait y en avoir; mais, vous savez, mon cher ami, lorsqu'on a une soif comme celle que j'avais ce jour-là, on ne pense guère à se laver.

George Auriol.

Cure manquée

Appelé comme membre fondateur de l'Association pour l'avancement de l'ignorance, à prendre place au banquet annuel qui se tient dans une île quelconque de la Grande-Bretagne, je me trouvai échoué, un beau matin, sur un rocher aride de la côte irlandaise.

Comment diable étais-je venu là? Je

n'ai jamais pu le savoir. Mais, seul sur un roc de la plus extrême dureté, entouré de varechs visqueux, d'une eau sans fin, de poissons monstrueux, l'avenir m'apparaissait terrible de noirceur.

Après m'être livré à un désespoir de quelques minutes, je me souvins heureusement que j'avais dans les environs une vieille parente, Mrs. O'

Neil. Cette respectable dame, quoique née à Asnières, est devenue irlandaise à force de boire du whisky. Je n'avais pas vu Mrs. O'Neil depuis quarante-sept ans; l'occasion était bonne. Muni d'une boussole et d'une excellente carte de visite, je quittai mon rocher et me dirigeai vers la demeure de ma vieille parente.

Jugez de ma douleur quand, en arrivant au seuil du cottage, j'aperçus des cierges allumés, en même temps que j'entendais des hurlements qui ressemblaient à des cantiques et à des chansons.

J'ouvris la porte en tremblant, et un spectacle curieux frappa ma vue.

Une cinquantaine de paysans, pleins comme des bourriques, veillaient le cadavre de ma parente.

La vieille maudite était morte la veille et n'avait pas eu seulement la délicatesse de m'attendre.

Quand on sut que j'étais parent de la défunte, on me fit asseoir, on m'offrit des liqueurs variées, et les plus joyeux propos circulèrent en même temps que les verres.

Je n'ai, de ma vie, passé une aussi bonne nuit.

Entre une gigue et un psaume, par simple convenance, je crus bon de demander à ces braves gens à l'aide de quelle maladie Mrs. O'Neil avait cassé sa pipe irlandaise.

Un vieux s'avança, et, au milieu des hoquets :

— La respectable lady, gémit-il, est morte d'une maladie des yeux et, by God! j'ai tout fait pourtant pour la sauver.

— C'était donc incurable, docteur?

— By Jove! non, de simples lotions de brandy auraient tiré votre parente d'affaire; mais voici le malheur! Mistress O'Neil n'a jamais pu se donner de ces lotions.

— Comment ça?

— Ne m'en parlez pas; cette excellente vieille n'a jamais eu le courage de faire parvenir le verre de brandy jusqu'à ses yeux; aussitôt qu'il passait devant sa bouche, crac! il était lampé d'un trait.

Et le docteur alla s'affaler lourdement au pied du lit.

Le lendemain, je conduisis ma parente à sa dernière demeure; les fêtes durèrent trois jours, et, quand la cave de Mrs. O'Neil fut vidée jusqu'à la dernière goutte, on se sépara et chacun alla vaquer à ses affaires.

MAURICE O'REILLY.

Les Chanteurs de ma cour

Comme je ne suis pas riche, j'ai dû me contenter d'une unique chambre, dont la fenêtre donne sur la cour. Une cour puante de la rue Tiquetonne où, chaque jour, se succèdent un tas de mendiants, chanteurs et plus ou moins infirmes.

Il y a d'abord un cul-de-jatte — un tronçon d'homme ressemblant à un lapin de bazar — qui chante généralement ceci :

> C'est la couturière
> Qui d'meur' su' l' devant;
> Moi j'suis su' l' derrière;
> C'est bien différent.

Il y a un sourd-muet dont voici le refrain favori :

Mignonne, quand le vent soufflera sur la terre,
Nous irons écouter la chanson des blés d'or.

Il y a un estropié de la main droite, qui, tout en exhibant son horrible moignon, braille, d'une voix de gargouille obstruée :

> Cette main, cette main si joli-i-i-e...

Il y a un manchot des deux bras qui préfère ce passage d'une romance à la mode :

> La taille fine
> De ma divine
> Tiendrait, je crois,
> Dans mes dix doigts.

Il y a un aveugle de naissance — il est venu au monde avec un caniche et une clarinette — qui choisit toujours cette idylle de feu Renard :

> Quand je vis Madeleine
> Pour la première fois...

Viennent ensuite un « pauvre orphelin » :

> Qui qu'est comme un échalas?
> C'est papa.
> Qui qu'est comme un monument?
> C'est maman.

... un « pauvre père de famille » qui hurle, en montrant sa ribambelle de mômes :

> Ces envoyés du paradis
> Sont des mascottes, mes amis :
> Heureux celui que le ciel dote
> D'une mascotte.

... un « ouvrier sans travail » :

C'est pour la paix que mon marteau travaille...

... un paralytique :

> Et je le suivis en chantant :
> Tralalalala, tralalalala;
> Lui disant, le cœur palpitant :
> Tralalala;
> La belle, ne courez pas tant!
> Tralalalalala!

... un « ancien soldat mutilé par un éclat d'obus » qui, tournant sa face

5

sans nez vers l'atelier des couturières du troisième, leur chante, sans vergogne :

Mad'moiselle, écoutez-moi donc !

Le défilé se termine toujours par une horrible vieille « victime de l'explosion d'une poudrière ». Ses yeux? deux plaies suintantes. Son nez? un trou béant. Sa bouche? une excavation. Il en sort généralement cette chanson de *la Mascotte :*

Un baiser, c'est bien douce chose!...

Vous pensez ce que je ris, dans mon unique chambre dont la fenêtre donne sur la cour, une cour noire et puante de la rue Tiquetonne.

JULES JOUY.

Conte sec

L'Eglise, comme chacun sait, n'admet pas plus le divorce légal que l'accouplement à la mairie.

Or, la jolie divorcée ayant à ménager une tante dévote, fatiguait ses petits pieds en démarches interminables auprès des princes de l'Église afin d'obtenir la consécration officielle de son pseudo-veuvage.

Mais c'est chose difficile que de décider le Saint-Père à des choses aussi graves. Cependant, à force d'aumônes, de bonnes œuvres, affirmait le prélat consulté, il ne serait pas impossible... c'était une simple question d'argent..

et la bagatelle de cent mille francs...

— Cent mille francs ! s'écria la douce divorcée stupéfiant l'abbé de la candeur de ses yeux bleus ; mais c'est beaucoup plus cher qu'un assassinat !

CH. DE SIVRY.

Séraphim Pélican

Ses ambitions avaient été illustres.

Cependant, ses tragédies, qui ne se trouvaient point précisément adaptées au goût contemporain, avaient été sinon honnies, du moins conspuées. Il avait par trop essayé de moderniser certains de ses rôles essentiels.

Par exemple, en tête d'une de ses principales œuvres, intitulée: *Yria-zarte,* se trouvait, en indication de rôles, ceci:

CABRETUCHE. — *Sou-verain d'Hyrcanie.*

REGROUSSISS. — *Son Vizir.*

TORTIGRU. — *Conspi-rateur vulgaire.*

Il fut reçu à correc-tion. Et comme il n'a-vait pour profession que celle de bachelier ès lettres, joli brevet pour mourir de faim, il en arriva forcément, et honnêtement, aux métiers qui, bien que réputés secondaires, n'en sont pas moins honorables.

Il fut successivement — grâce à sa haute taille — jambe de derrière d'un éléphant blanc du roi de Siam; — pièce d'artillerie monstre du Grand-Turc, dans le détroit des Dardanelles.

Il vivait ou vivotait ainsi.

Mais, un jour, sa vocation se révéla.

Son estomac se mit à éprouver des crampes insupportables, eschyliennes! Les Euménides étaient logées dans ses intestins.

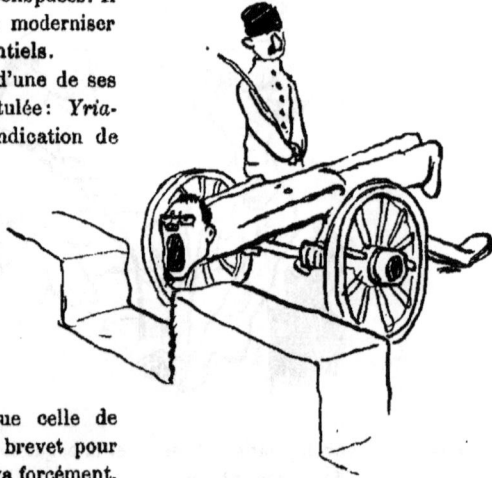

On le soigna. C'était le ténia, ce ver qui est doué d'un si mauvais caractère, ou de tant de remords, qu'il lui est impossible de se trouver seul !

Séraphim Pélican — nous avons dit que c'était son nom — l'expulsa, ainsi que c'était son devoir, par des moyens qui, s'ils n'étaient point d'une délica-tesse rigoureuse au point de vue de l'hospitalité, restaient purs au sens de la science et de l'hygiène polie.

Bien plus, il pensa que la pénurie de ses moyens pécuniaires l'ayant forcé à nourrir ce parasite insensé, il pourrait bien en utiliser d'autres à ses besoins personnels.

Or, pendant — non pas l'incubation, — mais la décubation de cet être, une idée vint à Séraphim Pélican :

— Si j'abusais de lui, ainsi qu'il a abusé de moi ?

Et, usant d'une volonté suprême, pendant l'opération, il lui conserva la tête !

Depuis ce temps, lui, à son tour, vit aux dépens du ténia ! Il l'exploite !

Chaque jour il en vend quarante mètres soixante-dix — origine garantie — aux pharmaciens de Paris.

HECTOR DE CALLIAS.

Manager's society, limited

Lorsque j'avais l'honneur d'habiter Singapour, je me faisais chausser par un vieux cordonnier malabare, homme prudent et avisé qui, dans les occurrences de la vie, avait accoutumé de

ne laisser sortir de ses lèvres que les paroles suivantes :

Has muses ben patalou, betchouli naphga, harina lanechtico.

Telle est la formule d'un proverbe indigène dont la saveur extrême-orientale est presque intraduisible dans le français policé qu'emploient les écrivains du *Chat-Noir*. Je vais essayer pourtant de donner une idée de cette sentence en employant des périphrases. Daignent mes lectrices m'excuser si les libertés de ma plume trahissent la pudique réserve de ma pensée. Voici le sens du texte malabare :

Aussi fort que vous pétiez, c'est absolument comme si vous ne disiez rien du tout.

Je ne sais par quelle association d'idées ce proverbe m'est revenu avec persistance à la pensée en lisant dans les journaux l'annonce d'un syndicat formé par les directeurs de théâtre, et en apprenant quelle résolution avait été le fruit des délibérations de ces messieurs.

Nos confrères de la presse parisienne se sont élevés avec ironie contre l'intention des directeurs de théâtre d'exclure de leurs répétitions générales les importuns critiques et pâles reporters qu'ils y admettaient primitivement. On a accueilli avec la même irrévérence le projet bien arrêté des *impresarii* de la capitale de refuser à l'avenir tout billet de faveur.

Au risque de m'attirer les foudres de mes confrères les moins autorisés, je n'hésite pas une seconde à prendre la défense des directeurs et à proclamer qu'ils ont bien fait et agi au mieux de leurs intérêts. Et qu'on n'aille pas insinuer que je suis payé par la corporation des huissiers et syndics de faillite pour encourager de malheureux commerçants dans une voie désastreuse et au bout de laquelle ils trouveraient l'irrémédiable ruine.

Non, je le déclare bien haut, les directeurs de théâtre sont des gens très malins et qui savent parfaitement ce qu'ils font. J'en pourrais citer parmi eux si je voulais, et sans avoir besoin de chercher, j'en pourrais citer, dis-je, qui sont des hommes d'une grande valeur et d'une vive intelligence. On comprendra le sentiment de délicatesse qui m'interdit de prononcer des noms à cette occasion.

J'accorde que les directeurs de théâtre sont modestes sur leurs mérites et pleins de réserve dans leurs actes, et qu'en général ils ne cherchent pas à faire éclater aux yeux du public la brillante variété de leurs ressources intellectuelles ; mais ce serait s'abuser étrangement que conclure de là que ces messieurs ne sont pas de rusés négociants doublés d'artistes vibrants et sincères.

Et les décisions qu'ils viennent de prendre le prouvent surabondamment.

Cette idée de fermer les portes de sa boutique pour y faire entrer le monde est une idée très moderne, très judicieuse sur laquelle naturellement s'est esbaudie la critique ignare et incapable de discerner le pourquoi des choses.

Et puis, je suis bien bon de discuter avec vous là-dessus.

Comme on l'a fait remarquer avec beaucoup d'à-propos, charbonnier est maître chez lui, n'est-ce pas ?

Ne me faites pas dire à cette occasion des choses que je ne veux pas dire. Je n'établis pas ici un parallèle entre la profession de charbonnier et celle de directeur de théâtre, et je sais tout aussi bien que vous qu'il faut autant de tact, d'ingéniosité, et de capacités variées pour exercer la profession de charbonnier que celle d'impresario, et qu'évidemment c'est plus difficile de vendre des cotrets bien secs et de monter de l'eau à un cinquième étage que de s'en aller dans les prisons commander des levers de rideau, ou de laisser sans engagements

des artistes comme mademoiselle Rousseil. Non, je ne veux pas proclamer ici la supériorité des directeurs de théâtre sur les charbonniers, je ne veux pas me faire foutre de moi à si bon compte. Ça n'empêche pas que lorsqu'une profession est honorablement et intelligemment exercée, elle en vaut une autre et qu'il n'est certainement pas plus ridicule de diriger un théâtre qu'une triperie, une division au Ministère du Commerce ou l'éducation d'un enfant hydrocéphale.

Et puis, voulez-vous que je vous

dise, il y a une question qui prime toutes les autres et devant laquelle tout l'français doit s'incliner. Attaquer les directeurs de théâtre, aujourd'hui c'est faire manque de patriotisme. Pourquoi? Je n'en sais rien encore; mais une personne en qui j'ai toute confiance m'a promis de me l'expliquer. De source certaine, il appert que la campagne menée contre les directeurs parisiens a été ourdie de l'autre côté de la frontière. Quelle frontière, on l'ignore jusqu'ici, le mystère n'est pas éclairci, mais qu'importe!

Après une telle révélation, je suppose que la discussion est close et que tous les citoyens vraiment dignes de ce nom tiendront à cœur d'observer le silence qui doit planer sur toutes ces questions, quand elles intéressent à un si haut point l'honneur d'une industrie nationale.

LÉON GANDILLOT.

Partie carrée

Attendant le mystérieux invité dont le comte s'obstinait à taire le nom, la

comtesse bavardait avec son mari et son amant.

On parlait de mademoiselle Omnibus, la danseuse en vogue.

— Omnibus, en effet dit le comte; toute à tous, sans souci du rang, du tarif, de l'heure : jolie fille, mais quelle catin !

En ce moment, de la porte du salon largement poussée, un domestique annonça :

— *Mademoiselle Omnibus* !

Le comte salua l'arrivante; puis gaiement : « A table ! Que chacun prenne le bras de sa maîtresse ! Le vôtre à ma femme, monsieur. »

. . . .

* * *

— Misérable !

— Vous me rendrez raison !

Mais il poursuivit, très froid : « Le premier de vos amants fut blessé, le second tué. Voici que la liste s'allonge : je suis las, et vous ne valez plus le sang d'un homme. Il restait à vous traiter en fille que vous êtes : c'est fait. — Pour monsieur qui, me trompant, en exige raison, je le trouve rare. — Maintenant, sortez. Ensemble ou non, à votre guise. »

* * *

Seul avec la danseuse :

— Madame, dit-il, la partie carrée s'en va, mais un tête-à-tête est meilleur et le dîner demeure.

Et ils dînèrent.

JEAN PIC.

Probabilités

I

Dans la savane un enfant
Court avec un éléphant;
Qui arrivera en avant?
    Probablement
    L'éléphant :

A moins toutefois qu'il ne crève en
                [route,
Auquel cas ce serait l'enfant, sans
                [doute.

II

Voyez-vous, sur le pavé,
Filer cet homme et ce tramway?
Qui sera le premier arrivé?
    A dire vrai,
    Le tramway :

A moins cependant qu'il déraille en
                [chemin,
Auquel cas ce serait l'homme, peut-
                [être bien.

III

D'une bicyclette ou d'une locomotive,
  Vous recherchez, l'âme pensive,
Quelle est la première qui arrive;
    Faut-il qu'on l'écrive?
    La locomotive :

Et même si le bicycliste se flanque par
                [terre,
Ce sera encore, croyez-le bien, le
              [chemin de fer.

              FRANC-NOHAIN.

Le Bon petit cœur

Barbesange a pleuré et sa femme est triste. Elle reste blottie au fond du fiacre qui l'emmène chez le beau Maxime de Talence ; parfois elle regarde l'heure aux pneumatiques, car elle est fort en retard, mais elle se sent un poids sur le cœur...: son mari a pleuré.

Oh ! de petites larmes, qui sont venues avec de petits reproches très humbles, parce qu'elle sortait bien souvent seule, le laissant dans son lit, tordu par une crise de rhumatisme atroce. Elle songe que c'est mal ce qu'elle fait là. En somme, son mari est un brave homme ; il l'a faite riche ; il n'est pas plus bête que l'autre et lui est dévoué comme un caniche. Il l'aime profondément et s'il apprenait qu'elle le trompe !... Elle ne veut pas y penser, seulement. Et elle n'y pense pas ; mais elle se souvient que ce pauvre Amédée avait l'air très malheureux en lui disant : « Reviens bientôt ; je m'ennuie tant sans toi ! Tu es toute ma gaîté. »

Hélène descend de son fiacre. Maxime, qui l'attend depuis une grande heure, lui fait remarquer qu'elle est en retard. Hélène répond aigrement et comme Maxime, surpris, reste planté devant elle, les bras ballants et l'air assez grotesque, Hélène ajoute :

« Et puis, après tout, j'en ai assez... bonsoir ! »

Et elle remonte dans sa voiture qui la ramène aussitôt chez elle.

Barbesange a un bon sourire en la voyant entrer.

— Je suis revenue tout de suite ; j'étais décidément inquiète de te savoir seul.

Et Barbesange montra sa joie profonde d'avoir une bonne petite femme qui l'aime autant. Il lui demande pardon de ses exigences de malade qui l'ont troublée dans ses courses. Il lui prend la main, pose sa tête sur son oreiller, calme maintenant, sans désirs, satisfait puisqu'elle est là, et peu à peu, il s'endort.

Mais les pensées d'Hélène tournent, tournent...

Tout doucement, elle dégage sa main, se lève sans bruit, remet son chapeau, sort avec précaution, tranquille puisque son mari est tranquille. Elle arrive toute souriante chez Maxime qui n'est pas sorti de son ahurissement de tout à l'heure, mais qu'elle rassure vite, vite, en se faisant la plus ensorcelante et la plus gaie des amoureuses.

PIERRE VALDAGNE.

L'Éléphant

L'éléphant est un animal qui mange avec sa queue.

MARC TWAIN.

Il n'est pas douteux que l'éléphant ne soit le plus volumineux de tous les animaux domestiques; — et c'est de là que lui est venu son nom.

On sait en effet que cet animal se développe sur les bords des fleuves chauds, et que des nègres dégénérés lui rendent les honneurs divins. — L'éléphant a une vive sympathie pour les soldats, les bonnes d'enfants et autres objets comestibles.

C'est pour cela que l'on place auprès de son habitation quelques palmiers ou autres arbres qui lui rappellent son pays natal.

On a vu plusieurs d'entre eux, transportés au loin, mourir subitement d'une paralysie des cheveux amenée par la nostalgie. Le meilleur traitement, dans ce cas, consiste à prendre la peau de l'animal pour en faire de menus objets, porte-monnaie, porte-cartes en peau de crocodile.

On rencontre peu d'éléphants dans les rues de Paris. Egalement en voit-on très peu, à la suite d'un violent désespoir, se précipiter dans la Seine, du haut du pont des Arts, par une brumeuse nuit de novembre, pour fournir un fait divers aux journaux d'information.

Il est en outre fort rare de voir un de ces respectables animaux, au moment de mourir, recommander à son

meilleur ami de répondre aux quelques tailleurs porteurs de notes posthumes, — qu'il est mort depuis onze jours, sans laisser de parents responsables.

L'éléphant est un animal capable de grands dévouements. Personne n'a oublié la tentative, infructueuse du reste, qui fut faite, pendant le siège de Paris, de l'emploi des éléphants du Jardin d'Acclimatation pour la direction des ballons.

L'éléphant ne se reproduit pas en captivité. On a vu de ces animaux observer le célibat le plus rigoureux pendant plusieurs générations.

L'éléphant est un animal de mœurs paisibles et douces. — La preuve, c'est qu'on dit toujours « paisible et doux — comme un éléphant ». — Or, « l'éléphant » est précisément un animal de mœurs paisibles et douces.

GABRIEL DE LAUTREC.

Après les grandes manœuvres

Salade en fin cresson que la nymphe lava,
On servait la salade — et Carnot se leva.
Carnot dit, saluant un corps d'infanterie
Fier, solide, dispos, tout prêt pour la tuerie :
« Je bois à la santé du Corps! » Et l'entendant,
Le cresson répondit : « Merci, mon président! »

CAPTAIN CAP.

Choses de Justice

I

Aux assises.

Sur le banc des accusés, un jeune homme, qui, surpris en dialogue adultérin, avait révolvérisé le mari.

L'accusateur, — magistrat retors, lisa le mari, sa toilette de nuit, ses tactique et arithmétique conjugales. On exultait, et ce fut du délire quand, après une description aphrodisiaque des baisers de l'autre, il flétrit éloquemment la sotte intervention de « l'épicier sans épices ».

sachant la cause perdue et ne pardonnant pas à la victime sa survivance aux blessures — se contenta de signaler l'illogisme des amants qui, ayant le mari pour raison d'être, se suicidaient à le supprimer. Il ajouta que Dieu avait dit en hébreu : « Tu ne tueras point, » et Napoléon — article 295 du Code pénal — : « L'homicide est qualifié meurtre ; » puis s'assit, résigné.

La plaidoirie n'était plus que formalité.

D'un verbe cinglant, l'avocat ridicu-

Tout le monde sentit bien que, dans l'atmosphère bleue où planaient les amants, et que le jaune du mari était venu troubler, il ne fallait voir en ce coup de revolver que l'inéluctable résultante des contrastes.

L'acquittement fut acclamé.

. . . .

. . . .

Alors, dé la table des pièces à conviction prenant le revolver encore chargé de deux balles, le mari tira sur l'amant, — qu'il manqua.

II

Trois mois plus tard.

Même salle.

Avec le mari comme accusé.

Pas de découragement, cette fois, chez le magistrat retors, mais une ironie de l'œil et un frétillement de langue à fleur de lèvres.

A peine parla-t-il du procès. — Le crime actuel, « messieurs, est surtout « de lèse-jury. Tiré lors du verdict, « c'est au jury que le coup s'adressait : « moralement, par mépris de son sa- « cerdoce ; physiquement, car sait-on « où vont les balles ? — Et ici, mes-

« sieurs, une angoisse m'étreint à « l'idée que cet homme, assez mala- « droit pour avoir manqué sa cible, « eût pu faire de chaque juré un mar- « tyr ! »...

. . . .

Un long frisson parcourut les douze prêtres qui, d'enthousiasme, refusè- rent les circonstances atténuantes.

Et comme le général Mac-Adaras, successeur de Carnot, n'admettait pas le droit de grâce, les bois du mari s'accouplèrent à ceux de justice.

JEAN PIC.

Le « Cerf-Volant »

Quel volume extraordinaire on pourrait faire sous ce titre : les Journaux bizarres !

Après avoir savouré le très curieux article du Figaro sur le journal qu'Edison publiait à l'âge de douze ans dans un railway, nos lecteurs nous sauront gré de reproduire ici le quatrième numéro du :

CERF-VOLANT

journal publié en 1873 à l'asile de Ville-Evrard par Marc-Alexandre Delafosse,

ancien comptable à la Banque franco-ottomane.

Le Cerf-Volant, qui a vécu pendant près d'un an, paraissait « tous les lundis à quatre heures du soir, sauf avis contraire ».

Il était autocopisté à trente exemplaires, dont un exemplaire de luxe pour S. M. le roi de Siam.

M. Pierre Delcourt, l'intrépide collectionneur, qui possède un numéro de ce journal introuvable, pourra certifier l'authencité de cette reproduction.

LE CERF-VOLANT

Avis au public. — Nous recevons d'un sieur Joseph Brun, demeurant à Ville-Evrard, trois paquets de tabac de 50 centimes, en échange desquels il

demande un abonnement de trois mois au Cerf-Volant.

Nous profitons de cela pour rappeler au public que les abonnements ne peuvent être payés qu'en argent ou en timbres-poste, sauf avis contraire.

Les trois paquets de tabac dudit Joseph Brun sont à sa disposition jusqu'à ce soir. Passé ce délai, ils seront acquis à la Rédaction.

*
* *

OBJET TROUVÉ

Une belle montre en argent (style

Louis XVI) a été déposée vendred

dernier dans nos bureaux par M. Léon Simonnet. Cet objet n'ayant pas été réclamé dans les vingt-quatre heures, a été classé parmi les pièces curieuses de notre musée. Il nous serait donc matériellement impossible de le rendre maintenant. Cependant, si le propriétaire de cette montre veut bien se faire connaître, nous serons heureux de faire figurer son nom dans nos vitrines.

*
* *

DE PLUS FORT EN PLUS FORT

Un dompteur américain, M. Joe Thomsom, qui jusqu'alors n'avait tra-

vaillé qu'avec des fauves de l'acabit le plus dangereux, s'est, paraît-il, exclusivement consacré, depuis deux ans et demi, à l'éducation d'un cheval arabe.

Les résultats obtenus par M. Joe Thomson sont prodigieux. Le cheval de M. Thomson, que nous avons vu de nos yeux, est un cheval véritablement incomparable. Nous passerons sous silence les cinquante-quatre exercices extraordinaires qu'il exécute dans une seule soirée, aux applaudissements frénétiques d'un public d'élite.

Contentons-nous de dire que :

Le cheval de M. Joe Thomson est le seul qui sache monter à l'arbre d'une façon irréprochable.

*
* *

TERRIBLE ACCIDENT

Un troupeau de locomotives sauvages, parqué dans les hangars de Versailles, s'est échappé la nuit dernière et s'est dirigé à toute vapeur vers Paris.

Ce troupeau, après avoir dévoré complètement le pont d'Asnières et ravagé une douzaine de villas, a pris la direction de l'ouest en poussant des sifflements terribles.

Des télégrammes ont été lancés de tous côtés. La consternation règne dans le pays. Fort heureusement, aucun monument historique n'a été atteint jusqu'ici.

*
* *

COURSES DE PIANOS

Beaucoup de monde dimanche dernier à l'Hippodrome pour la course de pianos.

Les pianos les plus féroces avaient été réunis pour la course, à laquelle devait assister S. M. le roi des Belges, actuellement de passage à Paris.

6

Un piano mexicain a tué net d'un coup de boutoir un employé subalterne qui s'était imprudemment approché de lui. A part'cela, aucun accident à enregistrer.

Tout le succès de la journée a été pour le célèbre pianistador Juan Soutomayor, lequel, en moins d'une heure, s'est rendu maître de quatorze pianos des plus redoutables du Yorkshire.

En somme, représentation très réussie.

Il est regrettable cependant que le préfet de police ait refusé l'autorisation de tuer le piano, ainsi que cela se pratique dans l'Amérique du Sud et en Espagne.

POÈME FUGACE

J'ai mis le Surplus de mon Trop
Dans le Néanmoins de ton Pire;
Avec des airs de maëstro,
J'ai mis le Surplus de mon Trop.

Un cheval passait au grand trot,
Nous étions encor sous l'Empire...
J'ai mis le Surplus de mon Trop
Dans le Néanmoins de ton Pire.

G. A

* *

* *

AMÉRIQUI NORD

Un immense convoi de haricot de mouton a été capturé par les Indiens dans le Nord de l'Amérique. Le mécanicien, le chauffeur et l'escorte ont été tués. On estime à 12.000 dollars les pertes essuyées par Carrickson and Cᵒ, la plus forte maison de haricot de mouton de San-Fransisco.

AVIS PARTICULIER

Un personnage que nous nous contenterons de désigner par les initiales N. L. fera bien de nous rendre dans le plus bref délai la somme qui lui a été prêtée il y a un mois; sans quoi nous pourrions peut-être en dire plus long qu'il ne pense sur son compte.

A LOUER

Un superbe accordéon italien et sa méthode, à la semaine, au mois ou à

l'année. Pour tous renseignements, s'adresser aux bureaux du Journal.

***

PETITE CORRESPONDANCE

— H. J. Envoyez d'abord les trois timbres de 15 centimes, nous verrons ensuite.— P. D. Si vous voulez traiter pour la pipe en écume, venez nous voir entre 4 et 5. — A. D. Non, merci, nous n'insérons pas de rébus, nous sommes un journal sérieux. — H. V. Volontiers, si la dame est veuve ; envoyez sa photographie. — M. S. Nous attendons toujours les 75 centimes, la patience a des limites. — A. T. Nous ne pouvons entrer dans ces détails, elle était bouchée. — A. A. Alors de quoi vous plaignez-vous? Il ne fallait pas acheter à 75 centimes. Nous vous l'avions bien dit : ce monsieur est un voleur. — A. D. Elle vous attend demain ; n'oubliez pas le sonnet. — N. L. Nous n'avons que faire de vos 500 cahiers de papier à cigarettes, c'est de l'argent qu'il nous faut.

L'imprimeur-gérant :
MARC-ALEXANDRE DELAFOSSE.
Ville-Evrard.

Pour copie conforme :
CAPTAIN CAP.

Le Caillou mort d'amour

Histoire tombée de la Lune

Le 24 tchoum-tchoum (comput de Wéga, 7ᵉ série), un épouvantable tremblement de lune désola la Mer-de-la-Tranquillité. Des fissures horribles ou charmantes se produisirent sur ce sol vierge (1) mais fécond.

Un silex (rien d'abord de l'époque

de la pierre éclatée, et à plus forte raison de la pierre polie) se hasarda à rouler d'un pic perdu et, fier de sa rondeur, alla se loger à quelques *phth-*

(1) Nous ne pouvons pas tenir compte des infâmes calomnies qui ont circulé sur ce sol.

wfg (1) de la fissure A. B. 33, nommée vulgairement *Moule-à-Singe*.

L'aspect rose de ce paysage, tout nouveau pour lui, silex à peine débarqué de son pic, la mousse noire du manganèse qui surplombait le frais abîme, affola le caillou téméraire, qui s'arrêta dur, droit, bête.

La fissure éclata du rire délicieux, mais silencieux, particulier aux Êtres de la Planète sans atmosphère. Sa physionomie, en ce rire, loin de perdre de sa grâce, y gagna un je-ne-sais-quoi d'exquise modernité. Agrandie, mais plus coquette, elle semblait dire au caillou : « Viens-y donc si tu l'oses ! »

Celui-ci (de son vrai nom SKKJRO (2) jugea bon de faire précéder son amoureux assaut par une aubade chantée dans le vide embaumé d'oxyde magnétique.

Il employa les coefficients imaginaires d'une équation du quatrième

(1) Le *phthufg* équivaut à une longueur de 37 mille mètres d'iridium à 7ᵉ au-dessous de zéro.

(2) Ce prénom, banal dans la Planète, se traduit exactement « Alfred ».

degré (1). On sait que dans l'espace éthéré on obtient sur ce mode des fugues sans pareilles. (Platon, liv. XV, § 13.)

La fissure (son nom sélénieux veut dire « Augustine ») parut d'abord sensible à cet hommage. Elle faiblissait même, accueillante.

Le caillou, enhardi, allait abuser de la situation, rouler encore, pénétrer peut-être...

Ici le drame commence, drame bref, brutal, vrai.

Un second tremblement de lune, jaloux de cette idylle, secoua le sol sec.

La fissure (Augustine) effarée se referma pour jamais, et le caillou (Alfred) éclata de rage.

C'est de là que date l'âge de la *Pierre éclatée.*

CHARLES CROS.

---

(1) Le texte lunaire original porte « du *palier* du *quatrième étage* ». Erreur évidente du copiste.

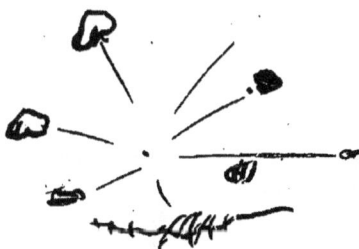

Tom Slooper

A mon petit ami Tonton.

C'était la nuit du Réveillon.

Pour la quatorzième fois environ, mon ami Tom Slooper, le fameux clown des Folies-Lergère, venait de remplir ma coupe d'un champagne incomparable.

Il n'était pas loin de quatre heures et demie du matin, et mon ami Tom Slooper était gris, je pourrais même dire gris foncé; quant à moi, autant que je puis me le rappeler, il me semble que j'étais énormément saoul.

Remarquez que je me contente de dire : j'étais saoul d'une façon considérable, et non pas saoul comme une bourrique; n'ayant jamais vu de bourrique saoule, je ne vois pas pourquoi je jetterais le discrédit sur cette race intéressante. Je pourrais encore employer l'expression : saoul comme un gendarme, mais je n'ai jamais rencontré de gendarme ivre, — sans blague! — alors, je me contente de dire : J'étais beaucoup saoul.

— Eh bien! me dit tout d'un coup Slooper, comment trouvez-vous le bouillon?

(C'était sa plaisanterie favorite de demander cela, même lorsqu'il n'y avait aucune espèce de bouillon en scène.)

Je lui répondis donc que je le trouvais délicieux, mais que pourtant je l'eusse préféré un peu plus salé.

— Plus salé! fit Slooper avec étonnement; tiens, c'est bizarre... je le trouve parfait, moi; mais, puisque vous ne le trouvez pas assez salé, buvez ce verre de champagne, cela vous donnera des forces... A votre santé, mon cher!

— A la vôtre, Tom!

— Dites-moi donc, reprit Tom, en me tendant la main, comment allez-vous, ce soir? Votre santé est bonne, vous êtes content, oui?

(C'était une de ses autres plaisanteries de demander cela à brûle-pourpoint, au milieu d'une conversation, alors qu'il était absolument renseigné sur l'état de votre santé.)

Je lui répondis donc que je me portais assez bien, et que je n'avais rien à souhaiter à ce point de vue-là, pour le moment.

— Et chez vous, tout le monde va bien?

— A merveille.

— Ah! tant mieux, fit Tom, visiblement soulagé; en ce cas, continua-t-il, buvez donc un verre de champagne, cela vous fera du bien.

(Je ne sais pas si vous avez remarqué que c'était le seizième?)

— A votre bonne santé, Tom!

— A la vôtre, mon cher ami.

— Et à part ça, continua Tom, vous ne savez rien de neuf?

— Non, rien du tout.

— Et que diriez-vous, si je vous en contais une bien bonne?

— Cela dépend. Si elle était vraiment bonne, je dirais : Elle est bonne, celle-là! Et le lendemain, je dirais à tous mes amis : Vous savez, Tom Slooper, eh bien! il m'en a conté une bien bonne, hier!

— Ah! très bien. Mais si je vous disais quelque chose de vraiment épatant, quelque chose d'époilant même, eh bien! qu'est ce que vous diriez?

— Pour le coup, je dirais : cela est drôle.

— Alors, mon vieux, vous pouvez le dire tout de suite, car je vais vous en conter une fameuse.

— Ah!

— Oui. D'abord, est-ce que vous vous rappelez 1890?

— 1890?... Ma foi non...

— Voyons? 90! ça ne vous dit rien? Un terrible hiver pourtant en 90, mon vieux!

— Ah! oui, en effet, un terrible hiver! Parbleu, l'hiver de 90! whuuuu... e!

— En 90, mon cher, savez-vous où j'étais? J'étais à Londres, à l'Alhambra : 350 livres sterling par mois pour jouer le rôle du singe dans la fameuse pantomime des « Wattferfootts ».

— Combien?

— 350 livres.

— Ah! j'avais entendu 40 francs.

— A cette époque, mon vieux, Tom Slooper qui est ici devant vous, Tom Slooper habitait South Molton Street,

dans la plus terrible maison qu'on puisse rêver.

— Je ne rêve pas; mais qu'est-ce que vous appelez une terrible maison?

— Comment, ce que j'appelle une terrible maison! Avez-vous vu un tigre enragé?

— Je ne me rappelle pas.

— Eh bien! supposez un tigre enragé qui serait gros comme une maison, un tigre furieux, et Tom Slooper au quatrième étage de ce tigre. Voilà

ce que j'appelle une terrible maison.

— Ah!

— D'ailleurs, pourquoi m'interrompez-vous?

— Je ne l'ai pas fait exprès.

— Tant mieux! Alors, buvez ceci. Ça vous remontera le moral. A la vôtre!

— A la nôtre, Tom!

— South Molton Street, 140 (Oxford Street, W.), mon cher, IVe étage, porte à droite, le nom sur la porte, en lettres rouges, mon cher : *Tom Slooper, clown.* Hein ! qu'est-ce que vous dites de cela ?

— Très joli ! très joli !

— Très joli, n'est-ce pas ? Eh bien ! mon vieux, quand même vous feriez quarante fois le tour du monde et quand même vous vivriez cent ans, et quand même vous seriez plus malin que le fameux Ch. Chincholle lui-même, vous ne pourriez pas vous faire une idée de cette terrible maison-là.

— Vous croyez ?

— Figurez-vous qu'il y avait au-

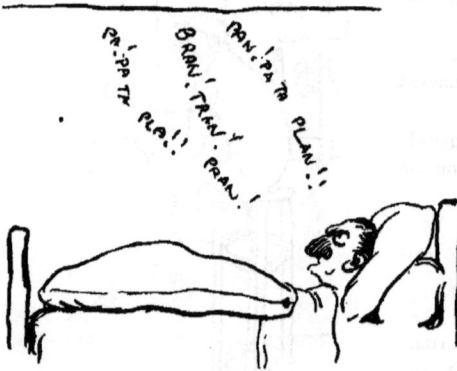

dessus de moi une famille, — oh ! mais une terrible famille, — un père, une mère, quatre bonnes, un oncle et douze enfants, mon cher... Voilà ce qui s'appelle une famille, hein ? ou je ne suis qu'un imbécile.

— En effet, vous n'êtes pas un imbécile, mais moi, j'en suis un fameux, si jamais famille a mérité plus justement ce titre.

— A la bonne heure ! Savez-vous à quelle heure je me lève ?

— Non. A midi ?

— Vous l'avez dit. Eh bien ! figurez-

vous que cette stupide famille dont je vous parle avait contracté l'habitude infernale de se lever à six heures du matin. Comme c'était un terrible hiver que celui de 90, toute la famille mettait des galoches, si bien que de six heures à midi, alors qu'il m'eût été si doux de sommeiller doucement, j'entendais tambouriner dix-neuf paires de galoches au-dessus de ma tête. Vous voyez ça d'ici, hein ? Notez que le plancher était mince comme une boîte à cigares. Vous comprenez qu'il faudrait être un rude bougre pour dormir avec un vacarme pareil.

— Je suis de votre avis...

— Ah ! malédiction ! J'ai failli en devenir fou, mon cher. Pan ! Pa ta plan. Bran. Bran tran pran, pa ta pla pla pla ! Pas une minute de répit : un ver à soie y aurait perdu patience. Comprenez-vous maintenant ce que c'est qu'une terrible maison ?

— Parfaitement.

— Alors, buvez ce verre de champagne. Je commence à croire que vous êtes réellement digne de trinquer avec moi.

— A la vôtre !

— Et vous vous figurez peut-être que j'ai supporté cela pendant trois mois sans me venger ?

— Je ne vous fais pas cette injure.

— Eh bien ! mon vieux, voici ce que j'ai imaginé.

La nuit de Noël, je suis sorti clandestinement de chez moi muni d'un sac. Avec des allures de Peau-Rouge, j'ai ouvert mystérieusement la fenêtre du palier ; j'ai suivi la corniche et j'ai gagné la gouttière. A l'aide de la gouttière, j'ai grimpé jusqu'à l'étage au-dessus et j'ai pénétré dans l'appartement de la terrible famille par la lucarne des W. C...

— Bigre !

— Tout le monde dormait. Je suis allé de chambre en chambre, depuis la chambre de la petite bonne jusqu'à la chambre de l'oncle et j'ai raflé toutes les galoches qui étaient dans les cheminées ainsi que tous les cadeaux de Noël. J'ai mis le tout dans mon sac; en-suite, je me suis rendu à la cuisine où j'ai bu un bon verre de brandy (je crois que je ne l'avais pas volé). Puis j'ai regagné la gouttière par la lucarne des W. C..., et je suis rentré chez moi. Le lende-main, jour de Noël, je me suis levé de bonne heure et j'ai été distribuer les galoches et les cadeaux de Noël à des mendiants de White-chapel. Ils étaient rudement contents, les bougres !

— Je te crois.

— Et puis, qu'est-ce que vous croyez que j'ai fait ?

— Vous êtes allé à la messe.

— Justement; et après ?

— Après ?...

— Eh bien ! après, je suis allé déjeu-ner à l'hôtel. J'ai mangé comme qua-tre et j'ai bu comme six ; et si vous voulez trinquer avec un gentleman qui s'est joliment tordu les côtes en lisant dans le *Times* la mystérieuse affaire de *South Molton Street*, vous n'avez qu'à tendre votre verre. Car ce gentle-man, c'est moi, et vous savez que j'avais

un bon motif pour rire de la sorte. A votre santé !

— A la vôtre, Tom !

— Eh bien ! comment trouvez-vous le bouillon ? ajouta Tom.

— Ah ! fameux ! fis-je enthousiasmé, et, vraiment, il eût fallu que je fusse de bien mauvaise foi pour trouver ce coup-là qu'il manquait de sel.

GEORGE AURIOL.

Ma conférence à Auvernier

A *Lolotte*.

En ce temps-là, réserviste étonnant, j'accomplissais au 40ᵉ d'artillerie un stage dont les péripéties diverses — écoles à feu innombrables entrecoupées de soupers folâtres — me réjouissaient infiniment. Et, un dimanche,

j'avais eu l'idée, pour rendre à quatre de mes camarades les politesses dont ils ne cessaient de me combler, de les inviter à dîner, sur les bords du lac de Neuchatel, à Auvernier, petit village insignifiant, quoique fédéral, mais peu éloigné de Pontarlier, où nous tenions garnison, et célèbre par ses fritures de férats, bondelles et autres poissons aux noms saugrenus, à la chair exquise.

Tout arrive, même les gens de bien qui se rendent à Auvernier; partis à dix heures du matin, nous atteignîmes le but de notre expédition vers cinq heures, affamés comme des loups, harassés par la traditionnelle traversée des gorges de la Reuss, que nous eûmes soin de ponctuer des non moins traditionnelles exclamations admiratives, de rigueur devant le plus médiocre site de la Suisse, et dont un touriste ne pourrait se dispenser, sous peine de passer pour un crétin clos hermétiquement à toute esthétique.

Je commande le dîner et nous nous installons devant des apéritifs dont nos appétits n'avaient nul besoin (mais c'est l'usage!) — quand, subitement, ô rage! ô désespoir! je m'aperçois que j'avais oublié mon porte-monnaie.

Que faire? L'avouer à mes invités? Je reculai devant cette confession grotesque. Une solution, une seule, s'imposait : extorquer aux indigènes la somme nécessaire au paiement de notre fraternelle agape.

— Oui, mais comment?

Ah! si j'avais possédé, comme le merveilleux quatuor qui continuait à mélanger du vermouth avec des liqueurs variées, si j'avais possédé quelques talents d'agrément!...

J'aurais pu, comme Bruneteau-le-Blond, charmer les Auverniérois en leur distillant les mélodies du *Roi d'Ys* ou de *Pot-de-Fleurs* avec cette voix de ténorino qui fera crever Talazac de jalousie.

Ou, si la science du brillant vétérinaire des Ynnes m'eût été départie, l'employer à soigner les enfants morveux qui pullulaient dans le pays.

Ou me précipiter dans le lac de Neuchatel, pour y renouveler les exploits tritonnesques de l'herculéen Corbineau-Bandaleau de Saint-Point.

Ou exécuter une de ces danses épileptiformes, effroi du sergot bisontin, grâce auxquelles Andréa Zigotto est si célèbre auprès des noctambules attardés à Granvelle.

Mais, hélas! le chant, l'hippiatrique, la natation, la chorégraphie sont pour moi lettre close.

Je commençais à désespérer, quand une idée soudaine m'illumina. J'ai trouvé! m'écriai-je mentalement. (*Nota.* — Je n'emploie jamais le parfait d'*eurisko*, ne voulant pas faire étalage de mes fortes études grecques, comme ce poseur d'Archimède.)

Plus rapide que le zèbre, je me précipitai sur la Grand'Place, criant aux habitants qu'ils eussent à venir écouter une conférence que j'allais avoir l'honneur de leur débiter sur l'état de l'agriculture, en France. On fit cercle autour de moi, et voici à peu près ce que je débondai :

* *
*

— En France, Mesdames et Messieurs, nous cultivons principalement la carotte, légume très productif, mais qu'il n'est pas donné à tout le monde de savoir tirer. Dans la marine, on prend surtout des riz.

Le chou est indigeste, sans doute à cause des enfants que certaines sages-femmes dignes de foi assurent y avoir rencontrés; le plus élégant est le chou-fleur, le plus échauffant est le chou Bersky.

Une particularité curieuse de la noix, c'est que ce fruit se rencontre sur certains arbres (les noyers le plus souvent) et dans le veau. Les corneilles en abattent des quantités considérables.

De même que le plésiosaure, le talent de Mme Théo et le carlin, le raisin a complètement disparu. Son nom, qui a subsisté, ne sert plus aujourd'hui qu'à désigner, en papeterie, un format particulier; en chimie, le bois de campêche, l'arsenic et quelques poisons qui pardonnent rarement.

Au contraire, la pomme se rencontre fréquemment, surtout dans les localités où Marie Colombier organise des tournées dramatiques. Je n'ignore pas que jadis, Suisses qui m'écoutez, vous aviez accoutumé de cueillir ce fruit à coups d'arbalète sur la tête des enfants, mais cette habitude ayant occasionné de multiples accidents, vos ancêtres jurèrent d'y renoncer dans une réunion solennelle; et si quelque fumiste venait me dire que ce *Serment du jeu de pomme* ayant été violé, le sport dû au regretté Guillaume Tell était encore en honneur chez vous, je n'hésiterais pas à lui répondre qu'il veut me faire prendre l'Helvétie pour des lanternes.

Prise immodérément, la pomme de terre alourdit ; aussi l'appelle-t-on un « féculent ». Au contraire, pour acquérir de l'agilité, bourrez-vous de melon. Il fait courir.

La pêche s'ouvre à des époques déterminées, portées à la connaissance du public par voie d'affiches. Pour avoir négligé d'entourer la poire de la même publicité, la police a dû maintes fois disperser par la force des bandes de gourmets qui troublaient la tranquillité des rues en réclamant des beurrés gris :

> C'est la poire, poire, poire,
> C'est la poire qu'il nous faut !
> Oh ! oh ! oh ! oh !

Quant à la cerise, il serait trop long d'énumérer toutes ses variétés ; la plus coûteuse est la cerise monétaire ; la plus commune est la cerise ministérielle, etc., etc.

* * *

Hypnotisée, béante, la foule des autochtones buvait mes paroles. Quand j'eus terminé cette brève causerie agricole, je fis le tour de la société, mon chapeau à la main. Puis, chargé d'une quarantaine de francs (en monnaie de nickel) honorablement gagnés, j'ose le dire, je m'en fus retrouver mes quatre paroissiens, qui continuaient à s'inonder de vermouth avec une sombre énergie.

Je sais bien, parbleu ! que, dans la nuit même, de nombreux cas de fièvre chaude se déclaraient à Auvernier ; mais, s'il fallait s'arrêter à des considérations humanitaires d'aussi mince importance, on ne pourrait jamais dîner quand on a oublié son portemonnaie.

WILLY.

L'Amour des dominos

— Une partie de dominos, commandant !

— Avec plaisir, chère madame, répondit le fils de Bellone.

Déjà, M. Lemiroton avait installé la
table de jeu et renversé sur le tapis
vert la boîte de dominos.

— Vous savez, commandant, qu'il
manque le quatre-deux.

Assise sur son train de derrière,
sur une chaise, près de la table, Bobine, la chienne caniche des Lemiroton, une jolie bête toute noire, pleine
de six semaines environ, suivait le
jeu avec intérêt.

En se penchant pour remonter le
verre de la lampe, M. Lemiroton fit
tomber un de ses dominos :

Le visage du commandant s'em-
preignit de consternation.

— Mais si le quatre-deux manque,
nous ne pouvons pas jouer.

— Ça ne fait rien ; puisque c'est la
même chose pour tout le monde, fit
observer Mme Lemiroton.

— C'est juste, répondit le commandant, après un instant de réflexion.

La partie commença.

— Apporte, Bobine !

La chienne sauta à terre, se mit à
fouiller consciencieusement sous la
table et sous les chaises, et finit par
relever son museau dépité. Elle n'avait
pas trouvé le domino.

— Oh ! oh ! fit M. Lemiroton, en se
mettant à quatre pattes, pour chercher à son tour.

Le commandant se mit également

à quatre pattes, tandis que Mme Lemiroton tenait la lampe au-dessus des têtes de ces messieurs.

Le domino restait introuvable.

— On le ramassera demain en balayant, dit Mme Lemiroton, impatientée.

Les deux hommes se relevèrent, la partie continua.

Le surlendemain du jour où ces événements s'étaient accomplis, M. et Mme Lemiroton et le commandant se trouvaient de nouveau réunis autour de la même table de jeu. Avant de commencer la partie, M. Lemiroton eut l'idée de compter les dominos. Il en manquait quatre.

Les deux époux et le vieux guerrier se regardèrent avec stupeur. Bobine, fatiguée par sa grossesse, dormait sur un canapé.

— Il n'y a pas moyen de jouer avec quatre dominos manquants, s'écria le commandant.

— Mais puisque c'est la même chose pour tout le monde, fit Mme Lemiroton.

— C'est juste.

La partie s'effectua sans plus d'incidents.

Trois fois par semaine, le commandant venait dîner chez ses amis Lemiroton et, après le dîner, régulièrement, on faisait une partie.

Chose singulière, à chaque nouveau compte du nombre des dominos, un ou deux des parallélipipèdes d'ivoire manquaient au compte précédent. Une disparition aussi systématique avait de quoi émouvoir d'honnêtes bourgeois comme les Lemiroton.

Ils ne pouvaient suspecter la loyauté d'un brave officier en retraite, il était

clair à leurs yeux que le hasard seul ne pouvait présider à cet escamotage continu.

Les soupçons de Mme Lemiroton se portèrent sur sa cuisinière, une fidèle servante dont elle n'avait eu qu'à se louer durant quinze années, et malgré les dénégations de la malheureuse, elle lui flanqua ses huit jours.

Quant à M. Lemiroton, il avait été purement et simplement faire sa déclaration au commissariat de police. Le commissaire de police classa l'affaire, après une enquête demeurée sans résultat.

Cependant le nombre des dominos diminuait toujours.

Bientôt il ne resta plus que le double-six, quelques blancs, deux ou trois quatre, et le cinq-trois. Et c'est avec ces épaves d'un jeu jadis complet qu'on poursuivait chez les Lemiroton des parties de plus en plus dénuées d'attrait. Le commandant, homme de consigne avant tout, n'ayant jamais pu complètement se résigner à l'emploi d'un jeu de dominos qui n'était plus à l'ordonnance, grommelait sans cesse et avait même des accès de fureur que Bobine semblait accueillir d'un regard narquois.

Énorme maintenant, la chienne se traînait près de la table pour jeter encore un coup d'œil sur la partie.

Un soir, pendant qu'ils achevaient leur dîner, les Lemiroton entendirent des gémissements et un râle étouffé dans la pièce à côté. Ils se précipitent au salon, d'où le bruit venait, et aperçoivent leur chienne étendue, presque sans connaissance. A côté d'elle la boîte de dominos renversée.

— Bobine, ma petite bête chérie,

qu'as-tu ? s'écria Mme Lemiroton en se penchant sur l'animal, qu'elle prit dans ses bras et que, aidée de son mari, elle transporta sur le canapé.

Les yeux de la chienne roulaient dans leurs orbites. Elle fit un effort désespéré pour se soulever. Un spasme la secoua tout entière. Puis ses pattes se détendirent, son museau se pencha vers la terre, et de sa gueule entr'ouverte s'échappa... un domino.

Bobine s'était étranglée avec le double-six.

Ce fut un trait de lumière pour les Lemiroton. En un instant, ils venaient de découvrir la raison de la disparition si mystérieuse de leur jeu de dominos.

C'était Bobine qui, dans sa sollicitude maternelle, dérobait et avalait les dominos de la maison, pour que les petits caniches qu'elle portait dans son sein pussent se distraire à l'aide de ce jeu, dont sont si friands les animaux de leur race.

Vivement impressionnés, les Lemiroton essuyèrent une larme d'attendrissement, puis ils prodiguèrent leurs soins à l'intelligente bête, qui ne tarda pas à revenir à la vie.

Le lendemain, Bobine mettait au monde cinq amours de petits chiens noirs et frisés comme leur maman.

Et, le soir même, à la grande joie du commandant, on put organiser une partie monstre avec le jeu enfin reconstitué et comptant ses vingt-huit dominos intacts.

LÉON GANDILLOT.

Sonnerie Louis XV

— Ding !

C'est le timbre du petit cartel en porcelaine de Saxe que je viens d'hériter de ma grand'tante et que j'ai pour la première fois installé à mon chevet — un amour de petit cartel Louis XV tout enluminé de fleurettes

Deux heures ?... Déjà ?... C'est impossible ! Vite ! allumons... Tiens, c'est bizarre : une heure seulement au petit cadran fleuri !

Je n'ai pas rêvé, cependant... J'ai bien entendu deux coups... Après tout, depuis tant d'années, la sonnerie a

rose tendre comme les falbalas de nos aïeules et presque aussi fragile que leur vertu.

Quelle heure est-il ? — Minuit et demi.

Soufflons notre bougie et rêvons... puisque nous sommes seule !

— Ding ! ding !

bien eu le temps de se déranger... — Dormons !

— Ding ! ding ! ding !

Au diable ce maudit timbre ! me voilà de nouveau réveillée. Quelle heure maintenant ?... Deux heures !...

C'est de plus en plus surprenant.

En vérité, si mon arrière-grand'-

tante, la marquise de Montreton, n'a jamais su l'heure que de cette façon, il est probable qu'elle se souciait bien peu de la marche du temps.

. . . .

*   *
   *

Et ce fut ainsi toute la nuit.

Des heures passaient. La petite pendule restait muette.

Et soudain, elle se mettait à bavarder comme une folle, sonnant à l'étourdie, sans prendre garde au chiffre indiqué par ses aiguilles.

Quatre coups à cinq heures et demie du matin. Cinq coups à six heures. Et enfin, comme j'allais me lever, six coups aux environs de midi.

J'étais absolument bouleversée.

Voulant en avoir le cœur net, je portai mon héritage chez l'horloger.

Un artiste, fort heureusement, cet horloger.

Il prit l'objet avec la plus grande délicatesse, l'examina longuement... puis me le rendit en souriant :

— Madame, me dit-il, vous possédez là un bien curieux souvenir d'un temps plus joyeux que le nôtre ! Et je vous assure que je me ferais un crime de régulariser cette sonnerie.

— Mais, monsieur !... murmurai-je, un peu interloquée.

— Je ne puis vous en dire davantage, madame ; mais, s'il vous reste dans vos papiers de famille quelques renseignements sur le caractère de la grande dame à qui appartint jadis cet objet, vous y trouverez peut-être l'explication de la singularité qui vous préoccupe tant...

A ces mots, je rougis.

Renveloppant alors précipitamment le « souvenir d'un temps plus joyeux que le nôtre », je sortis de la boutique tout émue, car je venais de me rappeler ces deux lignes à double entente que j'avais jadis lues avec étonnement dans les mémoires joyeux de mon arrière-grand'tante :

« Je ne me lève plus guère depuis tantôt dix ans qu'après le sixième coup de midi... »

*   *
   *

Vous aviez trente-cinq ans, marquise, quand vous écriviez cela... mais j'y pense, était-ce bien toujours la même clef qui remontait votre pendule ?

Moi qui n'ai pas trente-cinq ans, ma belle arrière-grand'tante aux cheveux poudrés, et qui ne me sers que d'une clef, vu la bégueulerie de ce temps-ci, je suis toujours en retard sur votre joli cartel !

RITA.

7

A ta gorge

La chemise qui te voilait,
Lasse enfin du rôle impudique
Que ta pudeur lui conseillait,
A l'heure sainte et fatidique

S'est couchée à tes pieds d'enfant.
Alors ta gorge de Faunesse
M'est apparue et, triomphant,
J'ai vu les splendeurs de jeunesse

Que ta chemise recélait.
J'ai vu sur ta poitrine nue,
Deux jumeaux, deux frères de lait,
Enfants d'une belle venue,

Modernes, mais non décadents,
Gonflant leur rigidité ronde,
Sans l'aide des corsets prudents
Sachant se tenir dans le monde ;

Marbre, satin, roc velouté,
Ils résolvaient ce grand problème:
La douceur dans la fermeté,
Dualité rare et suprême!

Dans l'amour du Bien et du Beau,
Baisant leur pente éburnéenne,
Du haut de ce double Nébo
Une Terre chananéenne

A déroulé devant mes yeux
Ses campagnes riches et grasses...
Et je vous adresse un joyeux
Cantique d'actions de grâces,

Hauteurs neigeuses où se fond
L'ennui des steppes et des plaines,
Trésors somptueux qui me font,
Comme aux innocents, les mains
[pleines.

Et lorsque sur ta gorge en feu
Ma soif d'aimer se désaltère,
Je songe, en remerciant Dieu,
Qu'ils n'en ont pas en Angleterre !

MAURICE DONNAY.

Lex

Les conventions tiennent lieu
de loi aux parties. (*Art. 1134,
Code civil.*)

A Montauban, dans la cour du bureau où, près de repartir, nous guettions l'omnibus de la gare, j'éprouvai quelque inquiétude lorsque, désignant du geste l'inscription :

100

Il est défendu de faire des ordures au bord du trou; sans quoi, la clef sera retirée,

Pierre me dit avec simplicité : « Attends-moi au bureau. J'aurai bientôt fini. »

*
* *

Ceux-là qui ne trouveraient à l'acte de Pierre rien d'inquiétant, ne connaissent pas Pierre.

Deux heures plus tôt, à une pâtissière qui, le voyant boire, offrait de changer l'eau de la carafe, Pierre avait répondu : « Qui vous rend si hardie de troubler mon breuvage? »

Et durant notre visite à la vieille cathédrale, au cours d'un prêche, ne s'était-il pas écrié, sur l'air de Siébel : « Si je trempais mes doigts dans l'eau bénite? »

*
* *

Le tout avec une extrême simplicité.

Quand Pierre revêtait l'extrême simplicité, la mystification imminait.

Et c'est avec une extrême simplicité

qu'il avait dit : « Attends-moi au bureau. J'aurai bientôt fini. »

Voilà pourquoi j'éprouvais quelque inquiétude.

*
* *

Pierre était un homme de parole, — il eut bientôt fini.

Il eut bientôt fini, sortit du kiosque,

vint au bureau, et, s'adressant à l'employé :

— « Monsieur, dit-il avec une extrême simplicité, je vous apporte la clef.

— « La clef?...

— « Ben, oui, la clef des latrines.

— « Que signifie?...

— « Comment! vous ne comprenez pas? N'auriez-vous jamais lu l'inscription du kiosque?

— « Je l'ai lue, mais quel rapport...?

— « Direct...

Il est défendu de faire des ordures au bord du trou; sans quoi, la clef sera retirée.

... Je tenais à faire des ordures au bord du trou; alors — respectueux des conventions — j'ai retiré la clef... et vous la remets. »

***

Avec une extrême simplicité.

JEAN PIC.

Old England !

Grande, raide, sèche, jaune, édentée, parcheminée et coiffée d'un chapeau extraordinaire, l'Anglaise entre dans un bureau de poste les pieds en avant.

Elle tourne à demi la tête et dit avec

une voix de brouette mal graissée : — Come on, Clara !

Clara est petite, mince, plate rousse; elle a des dents très longues et suit sa maîtresse les pieds en avant !

L'Anglaise demande soixante timbres-poste pour affranchir soixante lettres adressées à soixante personnes différentes. Elle allonge cinq doigts osseux saisit les timbres et répète :
— Come on, Clara !

Clara fait demi-tour avec la grâce d'une locomotive.

Droite, les talons joints et les bras pendants, elle lève les yeux au ciel, entr'ouvre la bouche et tire la langue !

Alors l'Anglaise, grande, raide, sèche et jaune passe successivement les soixante timbres-poste sur la langue de Clara, petite, mince, plate et rousse, et les applique un par un d'un coup sec sur les soixante lettres adressées à soixante personnes différentes. Puis elle se dirige vers la porte en disant encore une fois : — Come on, Clara !

Toutes deux disparaissent comme des ombres, les pieds en avant.

Dernièrement, j'ai rencontré l. pauvre Clara toujours petite, mince, plate et rousse, mais elle avait les lèvres collées et ne pouvait plus ouvrir la bouche!...

MAC NAB.

Amour conjugal

— « Oh! me répondit le gardien en riant, il vient dans les cimetières un tas d'originaux qui amuseraient bien les morts, si les morts en avaient connaissance. Ainsi, tenez! ce bonhomme res à le faire revenir. Et des larmes si vous saviez! des cris! des sanglots! Nous l'avons cru fou un moment. Enfin! est-ce que c'est naturel, une douleur pareille? Notez que la femme avait

que vous voyez là-bas, en train d'arroser une tombe, a toute une histoire. Il y a deux ans, quand sa femme est morte et qu'on l'a amenée ici, nous avons bien cru qu'elle n'y resterait pas seule. Au premier coup de cloche, quand le corbillard a passé la porte, le veuf s'est trouvé mal, et il a fallu faire arrêter le convoi. Quand on a descendu la bière dans la fosse, il s'est évanoui encore, et on a été deux heu- cinquante ans et lui aussi. C'étaient deux vieux petits bourgeois qui depuis trente années habitaient le même appartement dans la rue de Rennes. Enfin! n'importe! un chagrin inconsolable! Ah bien oui! Le lendemain, nous le vîmes revenir avec un commissionnaire qui portait une caisse de fleurs. Il les planta lui-même sur la tombe, où il n'avait pas voulu qu'on mît une pierre. Aussi le marbrier ne peut pas le sentir.

Et depuis, tous les jours, tous les jours, il arrive ici de bon matin avec son arrosoir et sa bêche, et il arrose, et il émonde, et il arrache les mauvaises herbes. Il n'a pas manqué une fois, et même il a quitté sa rue de Rennes, — oui, monsieur! — et il habite à présent devant le cimetière, entre deux entrepreneurs de sépultures. Il appelle ça le jardin de sa femme. Au fond, c'est son jardin à lui, et je suis sûr que maintenant il serait désolé si sa défunte revenait rendre inutile son horticulture! »

En ce moment, le bonhomme ayant terminé son jardinage, venait de notre côté, se dirigeant vers la porte. Avec sa bêche d'une main, son arrosoir de l'autre et un grand chapeau de paille sur la tête, il avait un gros air apoplectique et satisfait.

— « Eh bien! lui cria le gardien, comme il passait, ça va bien, monsieur, votre petit jardinet?

— « Peuh! oui, merci! S'il n'y avait pas les chenilles qui mangent tout!

— « C'est le printemps qui fait ça, monsieur Antoine!

— « Bé, oui! c'est le printemps, comme vous dites! Mais j'ai bien bêché tout autour des racines. Au revoir, à demain, monsieur le garde! »

Il nous salua poliment, et s'en alla.

LOUIS MARSOLLEAU.

Mistral parisien

J'étais à la gare de Lyon, dans la salle des bagages, en train de dégager la valise d'un cousin arrivé du Midi par le train de plaisir, quand je surpris ce dialogue entre un gros Marseillais coiffé de l'insolent manille et

nier souleva la malle et la fit pivoter sur l'angle. *Le douanier :* En effet, ça ne pèse pas lourd. *Le Marseillais :* Dix kilos, poids réglementaire, on ne tolère que dix kilos en train de plaisir. Je voulais remplir la malle de saucissons

un douanier à mine triste sous le modeste képi bleu. *Le douanier :* La malle est à vous?... Qu'y a-t-il dans la malle? *Le Marseillais :* Il n'y a rien du tout. *Le douanier :* Vous dites? *Le Marseillais :* Rien du tout ! je dis. Ici le doua-

d'Arles, mais elle pesait déjà les dix kilos, à elle toute seule : il aurait fallu payer un supplément. Alors nous avons mangé les saucissons en gare, avant de partir, avec la femme; et comme un homme qui se respecte ne voyage pas sans sa malle, j'ai amené la mienne vide. » Le douanier sondait son Marseillais d'un air scrutateur ; cette malle vide ne lui disait rien de bon, il soupçonnait quelque manigance. Le Marseillais avait l'air tranquille. — Donnez-moi la clef ! fit le douanier. La clef grinça, le cadenas tomba, mais le douanier n'eut pas besoin de grand effort pour soulever le couvercle. Le couvercle, fait d'un cuir de porc hérissé que bombaient deux minces planchettes, se redressa violemment ; un vent subit remplit la salle, mugissant et se cognant aux angles ainsi qu'un taureau évadé, puis se précipita avec fracas par la grande porte vitrée, emportant fraternellement, à de vertigineuses hauteurs, le képi bleu et le manille, — Mon képi ! criait le douanier. Et, debout sur le perron, calme et digne, tout en suivant du regard, par-dessus les toits de Mazas, les battements d'aile de son couvre-chef, le bon Marseillais soupirait : — Capouin de sort, la belle sôze que la science ! Depuis les semins de fer, il y a de tout à Paris, même du mistral.

C'était le mistral, en effet, qui faisait son entrée dans la capitale. Et voilà pourquoi, l'autre jour, souffla dans les rues, cinq heures durant, un vent inconnu qui n'était ni vent d'autan, ni vent de bise, un petit vent brun, taquin et sec qui glaçait les Parisiens, sous leurs minces paletots d'été.

PAUL ARÈNE.

Les Pharmaciens

Bons Parisiens, ne croyez pas
Que ces feux mouvants et farouches
Qui, dans l'ombre, croisent là-bas,
Sont des fanaux de bateaux-mouches.
Ces deux falots, reflets d'enfer,
Suivant le fil de la rivière,
Dont l'un est rouge et l'autre vert,
Sont des âmes d'apothicaire.

Pharmaciens, sous le pont noir
Dardant leurs prunelles lascives,
Vers quels pays, vers quelles rives
Vos bocaux s'en vont-ils ce soir?

Est-ce l'âme des parpaillots
Férus par les arquebusades?
Ou sous la lueur des falots,
Les fantômes de vos malades?
Ou dans son donjon blasonné
La dame de Nesle en ribote
Qui dit à son Gauthier d'Aulnay :
— Va voir en bas si l'eau clapote.

Pharmaciens, sous le pont noir
Dardant leurs prunelles lascives,
Vers quels pays, vers quelles rives
Vos bocaux s'en vont-ils ce soir?

Enfers et démons! Aux sabbats
Vous courez donc, race maudite!
A cheval sur de vieux cabas,
Et des vers luisants dans l'orbite?
Dites, n'était-ce pas assez
De nous exhiber, sous vos vitres,

Nos petits parents fricassés
Dans l'huile fauve de vos litres?

Pharmaciens, sous le pont noir
Dardant leurs prunelles lascives,
Vers quels pays, vers quelles rives
Vos bocaux s'en vont-ils ce soir?

Où vous allez, je le sais bien,
O Ruggieri sans vergogne!
Vous allez où l'on ne craint rien
Dez Marguerite de Bourgogne.
Où vous allez, hommes barbus
Comptant l'or qui paya vos crimes?
A la Croix-Rouge en omnibus
Coucher avec vos légitimes!...

Pharmaciens, sous le pont noir
Dardant leurs prunelles lascives,
Vers quels pays, vers quelles rives
Vos bocaux s'en vont-ils ce soir?

RENÉ D'ERVILLE.

La Mort du ver

Légende moderne

Le ver était joyeux.

L'homme, lui, descendait le faubourg populeux, l'âme en proie aux derniers brouillards du sommeil, aux dernières mélancolies du lourd sommeil, de l'impérieux et royal sommeil, plus fatigant encore que le travail de chaque jour, distrayant et sonore, au

moins, sans visions et sans troubles.

C'est affreux, le réveil du compagnon, le sursaut brusque, inconscient, avec une idée vague de châtiment, si l'on n'est pas à l'heure, le bruit sec dans la nuit des allumettes maigres ; puis, pour s'habiller, l'or rouge des lampes sur l'argent terni du brouillard matinal : avec cela, les yeux collés et la bouche sèche.

C'est alors que règne et travaille le ver. S'installant en maître dans quelque repli cérébral, dont il a fait sa demeure d'élection, l'être immonde dit à l'être vivant :

« Allons, debout ! Lève ta tête paresseuse : entends-tu les voisins plus courageux qui descendent l'escalier ? Hâte-toi, l'atelier est loin, écoute... Voici la demie de cinq heures qui tinte à la mairie voisine. — Oh ! comme les ondes vibrantes des cloches sonnent douloureusement avec leurs oscillations aériennes. — Hâte-toi, hâte-toi : Te rappelles-tu le jour où, t'attardant au lit, tu trouvas close la porte ? Et la tête indifférente et bête du patron qui te congédiait ? — Et chez toi, la malade assoupie, plus blanche que les oreillers. — Tu n'osas rien dire, rien avouer, tu racontas quelque histoire, quelque invention dont la pauvre appâlie ne fut pas dupe. Mais elle ne sut

rien dire, peut-être à cause de tes colères auxquelles elle était accou-
tumée. »

Le ver se reposa.

L'homme sortit. Au dehors, la rue
était comme toute bleue. Les boutiques
s'éveillant claquaient des volets, les
voitures des laitiers, ferraillant aux
pavés, mêlaient leur tumulte aux sif-
flets aigus du vent froid d'automne : et
l'homme allait, hâtif, la tête basse,
enviant les joyeux débauchés qui ren-
traient ivres avec des figures bleues
comme la rue matinale et des vêtements souillés par les longues orgies.
— C'est qu'il faut se dépêcher : déjà
voici le chantier du coin du boulevard
qui s'anime. Déjà les longues planches
de sapin fraîchement scié, s'entas-
sent sur la charrette : il doit bien être
le quart moins de six heures.

« Ce sapin frais, ça a une odeur singulière. »

Le ver redressa la tête.

— Hâte-toi, hâte-toi. — Te souvient-
il de ce soir lourd d'été funèbre, où
lorsque tu rentras chez toi, quelque
vieille voisine obligeante te dit : « Monsieur Etienne, la mère n'est pas bien
ce soir, pas bien du tout... enfin pas
bien du tout... Et si vous avez besoin
de moi, vous savez, je suis là, les
hommes sont toujours empruntés pour
bien des choses, et si vous voulez...

Hein ! cette nuit-là ?... C'est bien
loin déjà, cependant... mais toujours
vivace et terrible, le souvenir de ces
choses, toutes simples.

Oh ! cette odeur effroyable du sapin
fraîchement scié !

— « Hé, vieux ! — Hé vieux ! va
donc pas si vite, nous avons le temps !

— « Tiens, Michel !

— « Ah çà ! t'as donc perdu ta paie
au *Zanzibar* que tu fais cette tête ?
Allons, viens donc chez le père *Machin*,
le voici qui ouvre sa boîte. Viens donc,
nous avons encore un bon quart
d'heure. »

Quelle lueur soudaine et rose ! Voici
le soleil d'automne qui se lève, le pâle
soleil, perçant la brume du matin, et
paraissant comme un grand rond
orangé ; on dirait le bon sourire d'une
aïeule.

Les rayons s'accrochent aux vitres
hautes, dorent de larges plaques de
pourpre les grands murs bêtes qui
rougissent de leur nudité, pénètrent
les ruelles, diamantent les ruisseaux ;
on dirait des cymbales de lumière,
c'est le jour, le grand jour qui vient.

Alors le ver eut peur.

Les dés claquotaient dans la petite
machine de verre qui tournait.

Les compagnons burent une première tournée.

« A la tienne, Etienne ! » dit Marcel
classique.

Et pendant que le père *Machin*, en-
levant un à un les volets de sa boutique, laissait librement entrer la lumière joyeuse, qui se jetait comme un
enfant curieux sur les verres, les bouteilles, les cuivres de la cuisine, l'étain
des comptoirs, portant la joie du jour
nouveau, tous les compagnons en-
traient, bruyants et pressés, affolant
la servante.

« *Allons, il faut LE tuer* », dit l'un
d'eux.

Et les rires violents, et les propos
joyeux s'étouffaient dans l'étroit cabaret.

Soudain, avec des cris de portes
s'ouvrant, des tintements de fer, des

sifflements de vapeur, des bruisse-
ments de scies mécaniques, s'ouvrirent
toutes grandes les portes de l'atelier;
et, dominant ce grand tumulte de la
vie en éveil, la cloche d'appel, assour-
dissante et joyeuse, mêlait ses éléments
au timbre plus grave de l'horloge qui
sonnait six heures.

Alors, les mains dans les poches,
dispos au travail et pleins d'oubli, les
fiers ouvriers entrèrent à l'usine.

Le ver était mort.

CH. DE SIVRY.

Le Bouclier

Le ventre de la femme est comme un bouclier
Taillé dans un métal lumineux et sans tache
Dont la blancheur se bombe et descend se plier
    Vers sa pointe où frise un panache.

Depuis l'angle d'or brun jusqu'au pied des seins nus
Il s'étale, voûtant sa courbe grasse et pleine,
Et l'arc majestueux de ses rebords charnus
    Glisse dans les sillons de l'aine ;

Tandis que, ciselé sur l'écusson mouvant
Où s'abritent la source et les germes du monde,
Le nombril resplendit comme un soleil vivant,
    Un vivant soleil de chair blonde !

— Magique Bouclier dont j'ai couvert mes reins!
Egide de Vénus, ô Gorgone d'ivoire
Dont la splendeur joyeuse éblouit mes chagrins
    Et rayonne dans ma nuit noire!

Méduse qui fais fuir de mon cœur attristé
Le dragon de l'Ennui dont rien ne me délivre;
Armure trois fois sainte avec qui j'ai lutté
    Contre tous les dégoûts de vivre,

Je t'aime d'un amour fanatique et navrant :
Car mes seuls vrais oublis sont nés dans tes luxures,
Et j'ai dormi sur toi comme un soldat mourant
    Qui ne compte plus ses blessures.

C'est pourquoi ma douleur t'a dressé des autels
Dans les temples déserts de mon âme embrunie :
Et j'y viens adorer les charmes immortels
    De ta consolante harmonie.

EDMOND HARAUCOURT.

Un peu de chimie

L'oxygène a pour densité,
  On en a fait l'étude,
1,1056 calculé
  Avec exactitude.
Il entretient la combustion,
La faridondaine, la faridondon,

C'est lui qui entretient la vie,
  Biribi
A la façon de Barbari
  Mon ami.

On le prépare en calcinant
  Le potassiqu' chlorate ;

Mais il faut chauffer doucement
  De peur que ça n'éclate.
Les poumons quand nous respirons,
La faridondaine, la faridondon,
S'dilat'nt l'un et l'autre à l'envi,
  Biribi
A la façon de Barbari
  Mon ami.

Zéro, zéro, six, neuf, deux, six,
  Telle est de l'hydrogène,
D'après Thénard et Regnault fils
  La densité certaine.
Il sert à gonfler les ballons,
La faridondaine, la faridondon,
Il éteint aussi les bougies,
  Biribi
A la façon de Barbari
  Mon ami.

L'azote est un gaz bien malsain
  Dans l'quel on n'peut pas vivre ;
Il se trouv' dans l'air le plus sain ;
  C'est pas lui qui enivre.
Il n'a pas la moindre action,
La faridondaine, la faridondon,
Il empêche même la vie,
  Biribi
A la façon de Barbari
  Mon ami.

On extrait l'azot' facil'ment
  D'l'azotit' d'ammoniaque ;

Et l'on peut chauffer brusquement,
  Y a pas d'oraint' que ça claque ;
Et ce moyen-là est très bon,
La faridondaine, la faridondon,
Pour pouvoir fabriquer c'corps-ci,
      Biribi
A la façon de Barbari
        Mon ami.

Sous un'cloche on peut le r'tirer
  De l'air atmosphérique,
On prend du phosphor' pour former
  De l'acid' phosphorique
Qui entre en dissoiution,
La faridondaine, la faridondon,
Et l'azote nous reste ainsi,
      Biribi

A la façon de Barbari
        Mon ami.

Mais c'est assez nous entret'nir
  De ce gaz méphitique ;
Nous aurons bien plus de plaisir
  De l'acide azotique
Qui ronge le cuivre, l'laiton,
La faridondaine, la faridondon,
Et attaque le fer aussi,
      Biribi
A la façon de Barbari
        Mon ami.

                    K. LOMEL.

8

Mes haines

Le mandoliniste

Y a-t-il rien qui vous canule
Comme un joueur de jambonneau,
Quand y a déjà la pendule,
L'accordéon et l'piano?
Ça gagn' mill' francs par trimestre;
Ça vous r'garde avec mépris :
Parlez-moi d'un homme-orchestre,
En v'là-z-un qui vaut son prix!
L'mandoliniss', ça m'agace;
I' doit s'trouver dans l'Enfer;
Si j'en pince un su' la place,
Qu'i' jou' Meyerbeer, Auber,
Palestrina, Monteverde,
Wagner, Hérold ou Gounod,
J'te lui fais manger d'la...
J' t'en f...ich'rai du jambonneau!

JULES JOUY.

Le Veau

Conte de Noël pour Sara Salis

— Il y avait une fois un petit garçon qui avait été bien sage, bien sage.

Alors, pour son petit Noël, son papa lui avait donné un veau.

— Un vrai?

— Oui, Sara, un vrai.

— En viande et en peau?

— Oui, Sara, en viande et en peau.

— Qui marchait avec ses pattes?

— Puisque je te dis un vrai veau!

— Alors?

— Alors, le petit garçon était bien content d'avoir un veau; seulement, comme il faisait des saletés dans le salon...

— Le petit garçon?

— Non, le veau... Comme il faisait des saletés et du bruit, et qu'il cassait les joujoux de ses petites sœurs...

— Il avait des petites sœurs, le veau?

— Mais non, les petites sœurs du petit garçon... Alors on lui bâtit une petite cabane dans le jardin, une jolie petite cabane en bois...

— Avec des petites fenêtres?

— Oui, Sara, des tas de petites fenêtres et des carreaux de toutes couleurs... Le soir, c'était le Réveillon. Le papa et la maman du petit garçon étaient invités à souper chez une dame. Après dîner, on endort le petit garçon et ses parents s'en vont...

— On l'a laissé tout seul à la maison?

— Non, il y avait sa bonne... Seulement, le petit garçon ne dormait pas. Il faisait semblant. Quand la bonne a été couchée, le petit garçon s'est levé et il a été trouver des petits camarades qui demeuraient à côté...

— Tout nu?

— Oh! non, il était habillé. Alors

tous ces petits polissons, qui voulaient faire réveillon comme des grandes personnes, sont entrés dans la maison ; mais ils ont été bien attrapés, la salle à manger et la cuisine étaient

cile à digérer, tous ces petits polissons ont été très malades le lendemain. Heureusement que le médecin est venu ! On leur a fait boire beaucoup de tisane, et ils ont été guéris...

fermées. Alors, qu'est-ce qu'ils ont fait ?...

— Qu'est-ce qu'ils ont fait, dis ?

— Ils sont descendus dans le jardin et ils ont mangé le veau...

— Tout cru ?

— Tout cru, tout cru.

— Oh ! les vilains !

— Comme le veau cru est très diffi-

Seulement, depuis ce moment-là, on n'a plus jamais donné de veau au petit garçon.

— Alors, qu'est-ce qu'il a dit, le petit garçon ?

— Le petit garçon ?... Il s'en fiche pas mal.

ALPHONSE ALLAIS.

Le Cache-nez

Dialogue-omnibus

Le théâtre représente l'impériale de l'omnibus de Bastille-Madeleine, un matin d'hiver. Un voyageur solitaire, hâve, insuffisamment vêtu, attend impatiemment, assis près du siège, l'heure du départ. Le cocher, un gros et rouge gaillard, abondamment couvert, un

LE COCHER. — Il a mis son cache-nez.

LE VOYAGEUR. — Oui.

Place du Château-d'Eau.

LE COCHER. — Moi, je n'en porte jamais.

MADELEINE — BASTILLE

bonnet fourré sur les oreilles, les pieds chaussés d'énormes galoches, monte sur son siège, empoigne les rênes et crie un « hue! » joyeux. La voiture roule.

LE COCHER, *au voyageur.* — Ça pince dur, ce matin.

LE VOYAGEUR, *grelottant.* — Oui.

Boulevard Beaumarchais.

LE COCHER, *montrant un passant.* — En voilà un qui s'y est pris de bonne heure.

LE VOYAGEUR. — A quoi faire?

LE VOYAGEUR. — De quoi?

LE COCHER. — De cache-nez.

LE VOYAGEUR. — Ah !

Porte Saint-Denis.

LE COCHER. — Et vous?

LE VOYAGEUR. — Quoi? Moi?

LE COCHER. — Est-ce que vous en mettez, des cache-nez ?

LE VOYAGEUR. — Non.

Boulevard des Italiens.

LE COCHER. — C'est comme moi.

LE VOYAGEUR. — Comment?

Lᴇ ᴄᴏᴄʜᴇʀ. — Je dis : c'est comme moi.

Lᴇ ᴠᴏʏᴀɢᴇᴜʀ. — Quoi? C'est comme vous?

Lᴇ ᴄᴏᴄʜᴇʀ. — Je n'en mets jamais.

Lᴇ ᴠᴏʏᴀɢᴇᴜʀ. — De quoi?

Lᴇ ᴄᴏᴄʜᴇʀ. — De cache-nez.

Lᴇ ᴠᴏʏᴀɢᴇᴜʀ. — Ah!

Place de la Madeleine.

Lᴇ ᴄᴏᴄʜᴇʀ. — Je trouve qu'un petit verre ça en tient parfaitement lieu.

Lᴇ ᴠᴏʏᴀɢᴇᴜʀ. — De quoi?

Lᴇ ᴄᴏᴄʜᴇʀ. — De cache-nez.

Lᴇ ᴠᴏʏᴀɢᴇᴜʀ. — Ah!

Le voyageur descend et paye un petit verre au cocher.

Jᴜʟᴇs Jᴏᴜʏ.

Chanson des peintres

Laques aux teintes de groseilles
Avec vous on fait des merveilles,
On fait des lèvres sans pareilles.

Ocres jaunes, rouges et bruns,
Vous avez comme les parfums
Et les tons des pays défunts.

Toi, blanc de céruse moderne,
Sur la toile tu luis, lanterne
Chassant la nuit et l'ennui terne.

Outremers, cobalts, vermillons,
Cadmium qui vaut des millions
De vous nous nous émerveillons.

Et l'on met tout ça sur ses toiles,
Copiant des femmes sans voiles
Et le soleil et les étoiles.

Et l'on gagne très peu d'argent,
L'acheteur, en ce temps changeant,
N'étant pas très intelligent.

Qu'importe! On vit de la rosée
En te surprenant, irisée,
Belle Nature bien posée.

CHARLES CROS.

Square des Batignolles

Dix heures, soir d'été, square des Batignolles,
Un vent fade répand de très vagues odeurs ;
Conducteurs de tramways, quelques fillettes folles
De placides bourgeois et de louches rôdeurs.

Dans la pénombre, sous la frondaison poudreuse,
Contre le tronc chétif d'un arbre rabougri,
Avec un cabotin ainsi qu'une pierreuse
La quincaillière flirte au nez de son mari.

Dehors, devant la grille infinie, une grasse
Matrone, tenant par la main un garçonnet,
Reste là, pour voir le chemin de fer qui passe...
— On dirait un tableau du grand maître Manet.

Jean Moréas.

L'Orage

A W.-G.-C. Byvanck.

Vers minuit, par la croisée sans volets et par toutes ses fentes, la mai-

Le vieux continue apparemment à dormir, mais sa main froisse l'édredon.

La vieille allume aussi une lanterne,

son au toit de paille s'emplit et se vide d'éclairs.

La vieille se lève, allume la lampe à pétrole, décroche le Christ et le donne aux deux petits, afin que, couché entre eux, il les préserve.

pour être prête, s'il fallait courir à l'écurie des vaches.

Ensuite elle s'assied, le chapelet aux doigts, et multiplie les signes de croix, comme si elle s'ôtait des toiles d'araignées du visage.

Des histoires de foudre lui reviennent, mettent sa mémoire en feu. A chaque éclat de tonnerre, elle pense :

— Cette fois, c'est sur le château !

— Oh ! cette fois-là, par exemple c'est sur le noyer d'en face !

Quand elle ose regarder dans les ténèbres, du côté du pré, un vague troupeau de bœufs immobilisés blanchoie irrégulièrement aux flammes aveuglantes.

Soudain un calme. Plus d'éclairs.

Le reste de l'orage, inutile, se tait ; à-haut, juste au-dessus de la cheminée, c'est sûr, le grand coup se prépare.

Et la vieille qui renifle déjà, le dos courbé, l'odeur du soufre, le vieux raidi dans ses draps, les petits collés, serrant à pleins poings le Christ, tous attendent que ça tombe !

JULES RENARD.

Chanson à boire

Je hais Neptune et les Naïades,
Les villes d'eau, les ports de mer,
L'onde pure et le flot amer,
Et les bains chauds et les noyades.
Je hais tous les mots en *hydro* :
Je hais la vapeur et la glace.
J'ai dit aux fontaines Wallace :
Je ne boirai plus de votre eau.

O vin ! legs sacré du Calvaire
Que le prêtre hume à l'autel !
Toi qui fis Bacchus immortel,
Et que le sceptique révère,
Que ta chanson, doux maëstro,
Berce toujours ma tête lasse !
J'ai dit aux fontaines Wallace :
Je ne boirai plus de votre eau.

Plutôt que d'abaisser mes lèvres
A votre insipide cristal,
Je boirai le poison fatal,
Dispensateur des chaudes fièvres !
Je boirai ton dernier sirop,
Pharmacien d'ultième classe !
J'ai dit aux fontaines Wallace :
Je ne boirai plus de votre eau.

De vos bouteilles que pavoise
Une étiquette aux cent couleurs,
J'aime les glouglous enjôleurs,
Enfants de l'antique cervoise,
Fanta, pale ale, stout, faro,
Bières brune, blonde ou filasse.
J'ai dit aux fontaines Wallace :
Je ne boirai plus de votre eau.

Dans une ivresse léthargique,
Fais-nous oublier les hivers,
Absinthe, sœur des printemps verts,
Auprès de ta liqueur magique,
L'élixir de Cagliostro
N'est qu'une impudente fallace !
J'ai dit aux fontaines Wallace :
Je ne boirai plus de votre eau.

O rhum doré par les tropiques !
Kummel gelé par les frimas !
Vaillant cognac qui rallumas
Le feu des courages épiques,
Quand le Germain, sombre bourreau,
D'obus empiffra sa culasse.
J'ai dit aux fontaines Wallace :
Je ne boirai plus de votre eau.

Lorsque étanchant ma soif française
Avec un luxe oriental,
J'aurai jeté mon capital
Par les fenêtres du grand-seize,

J'irai marchander au mastro
La cuite de la populace.
J'ai dit aux fontaines Wallace :
Je ne boirai plus de votre eau.

Dussé-je, errant sur le bitume
Dans l'appareil de feu Noé,
Scandaliser Arsinoé
Des lacunes de mon costume,
Dussé-je attirer le haro
Du sobre agent qui se prélasse,
J'ai dit aux fontaines Wallace :
Je ne boirai plus de votre eau.

Seigneur, je lègue à de plus dignes
Les bonheurs qui nous sont prédits
Dans votre frugal paradis ;
Mais si quelque jour, dans vos vignes
Il reste une place de trop,
Seigneur, gardez-moi cette place !
J'ai dit aux fontaines Wallace :
Je ne boirai plus de votre eau.

GASTON SÉNÉCHAL.

L'Œil

L'œil était dans le vase. Un caprice d'artiste
L'avait agrémenté d'un sourcil violet
Et sa prunelle peinte en rouge vif semblait
Vous regarder d'un air ineffablement triste.

C'est à la foire au pain d'épices qu'un beau soir
Nous gagnâmes ce vase au tourniquet. Fifine
Affirma qu'il était en porcelaine fine,
Et voulut l'étrenner tout de suite, pour voir.

Mais il était si neuf, le soir, à la lumière,
Qu'elle n'osa ternir sa pureté première,
Et le remit en place avec recueillement.

Elle fut très longtemps à s'y faire. C'est bête :
Cet œil qui la fixait inexorablement
Semblait l'intimider de son regard honnête.

ARMAND MASSON.

Notre grand poète Hayma Beyzar, chef de l'Ecole électro-suggestive, est sur le point de livrer à la publicité une série de poèmes destinés à un géraudélesque retentissement: le *Chat-Noir*, au prix des plus grands sacrifices, a l'indéfinie concentration de la forme.

Conspuant la vieillotte conception des antiques gâcheurs de rimes, amplification affadie d'un thème en outrées et déciamatoires redondances indigent, le génie himalayesque du jeune

obtenu communication des bonnes feuilles de cette œuvre unique en son genre.

C'est, en la poétique et géniale instrumentation, la réalisation stupéfiante du rêve poursuivi jusqu'ici par la jeune Ecole : l'immensité de l'Idée, en Maître ne demande qu'au choc d'un mot — un seul — d'une syllabe même, la fulgurante étincelle qui éveillera chez le lecteur le courant sympathique et isotherme à celui du poète, et l'entraînera à sa suite dans l'infini insondable des vides hypersidéraux.

Voici le joyau, en sa gigantesque simplicité :

Nous ne ferons pas à nos lecteurs
l'injure de paraphraser la pensée de
l'auteur, limpide pour les initiés suffisamment.

Cependant, pour les quelques aveugles de l'autre côté du pont des Arts
qui achèteraient ce numéro comme
premier fascicule des Œuvres com-
plètes de M. Ohnet (le plus grand succès du siècle), nous nous faisons un
devoir de souligner l'idée d'une glose
timide et sommaire.

Dans le vocable générateur, ou
mieux communicateur « oh ! », on remarque qu'il convient de distinguer :

1° La *sonorité*, ainsi que le grave
bruissement des eaux des lacs, ou la
mystérieuse harmonie des mondes,
vague et voilée.

2° La *couleur*, violâtre et effacée,
faisait songer aux horizons crépuscu-
laires d'une mélancolique fin d'automne, ou, sous les primes attiédies
d'avril, les parfums des grands bois.

3° L'*odeur*, affinée et délicate, comme
de vanille subtilisée, — suaves senteurs de la vierge aux commençantes
palpitations de son intimité charnelle
émue.

4° L'*articulation*, douce, tendre, ter-
minée par une quasi muette expiration
signifiant palpitation ou presque res-
saisi aveu, ravie adoration ; — ou
forte, rude, avec finale râlante, expri-

mant la souffrance et réveillant la per-
turbation anhélante du pneumo-gas-
trique.

5° Les *acceptions immédiates* : Prière,
— Admiration, — Rêve, — Ivresse,
— Elan, — Indifférence, — Doute, —
Horripilation, — Souffrance, — Mé-
pris, — Colère, — Reproche, — Hor-
reur, — avec toutes leurs nuances.

6° Les *acceptions homonymiques* :
Eaux, — Haut, — Os ; d'où envole-
ment vers les cimes, les mers, les for-
tunes, — retour à l'origine squeletti-
que des organismes.

7° Le *sens hermétique* ou symbolique ancien : « Ho.·. », cryptogramme
de l'homuncule ou microcosme —
aperçu des mystères alchimiques et
biologiques.

8° Le *sens symbolique actuel* : « O »,
Ligne de Batignolles-Clichy-Odéon,
lanternes rouges, idée apocalyptique de
l'œil monstrueux des civilisations.

9° La *notation chimique* correspon-
dante : « O », Oxygène, principe inéluctable de la vie organisée.

10° La *notation algébrique* : « O »,
zéro, symbole du néant, simple neu-
tralisation de l'Universel, qui y sub-
siste à l'état d'impérissable germe.

11° Toutes les *notions inverses et anti-
typiques* qui se dégagent, par voie de
contraste, des précédentes.

Si l'on analyse, disons-nous, l'ensemble des impressions virtuellement
contenues dans le monosyllabe communicateur ; — si l'on songe que de
cette articulation naissent invincible-
ment, par un merveilleux procédé, par
un mécanisme d'une admirable simplicité, des images, des sensations, des

conceptions infiniment variées, d'une poésie tour à tour hiératique, macabre, tendre, voluptueuse, gourmande, hilare ou philosophique, d'une réalité d'autant plus intense que le sujet les a lui-même créées, sous l'effort d'assimilation que comportait le système brutal de l'affabulation terminologique ; — si l'on se rend compte qu'un mot suffit pour vous faire errer à travers les splendeurs d'un visible univers, rêver aux chaudes blancheurs des ventres spasmodiques des adorées entrevues, aux matités des ors serpentants des chevelures, nous plonger dans l'extase des vins précieux, nous transporter au seuil des impénétrés arcanes de la nature, on est contraint de proclamer qu'on se trouve en présence de la plus haute expression de la Poésie ; que l'œuvre d'Hayma Beyzar est l'hyperesthésie du possible, et l'éperdue intuition de l'impossible, qu'elle réalise enfin la condensation géniale et radieuse de l'UNIVERSEL.

Pour paraître prochainement, — Léon Vanier, éditeur :

Ah ! (*Les Ravissements*), 1 vol. in-32 avec planches.

Eh ! (*Les Indignations*), 1 vol. in-32 avec planches.

Hi ! (*Les Gaîtés*), 1 vol. in-32 avec planches.

Hue ! (*Les Chevauchées*), 1 vol. in-32 avec planches.

PIERRE MILLE.

14 Juillet

Vois-tu la longue ribambelle
Des gens bras dessus, bras dessous?
Certes, la fête sera belle
Tous les faubourgs sont déjà saouls.

Ou quelque autre grande figure
Choisie avec un tel bon sens
Que deux bonzes qu'on inaugure
Ne peuvent se regarder sans

Vois-tu ce monsieur qui frétille
Là-haut? C'est ce bon Gogibus;
Ne pouvant prendre la Bastille,
Il en prend du moins l'omnibus:

Rire. Le peuple roi s'amuse
En de tricolores fracas;
Ce bruit mariannesque, ô Muse,
Froisserait tes sens délicats.

Vois-tu cette foule accourue
Autour des géants d'autrefois
Dressés au coin de chaque rue?
C'est Pétrolskof, c'est Pipe-en-Bois,

Pour t'envoler à quelques lieues,
N'entre-t-il pas dans ton concept
De prendre devers les banlieues
Un train de neuf heures dix-sept?

9

Vers les grands parcs peuplés de mar-
Dressant leur blanche nudité, |bres
Et vers les forêts où les arbres
Ne sont pas de la liberté !

Loin du tumultueux asphalte
Où Paris hurlant se hâtait,
Loin, très loin, nous avons fait halte,
Et sous les bois calmes c'était

Comme une ivresse reposée,
Comme un rêve à peine conçu ;
Pour ne pas mouiller de rosée,
Toi, ta robe de fin tissu,

Et moi mon pantalon superbe,
Nous avions jeté nos manteaux
Avant de nous coucher sur l'herbe
Où nous étions sentimentaux.

Les oiseaux dans leurs chants de fête
N'exigeaient pas qu'un sang impur
Abreuvât leurs sillons ; ta tête
Adorable reposait sur

Mon bras, et des senteurs berceuses
Confusément venaient à nous ;
Des bêtes, fines connaisseuses,
Grimpaient le long de tes genoux.

Tu riais ton rire sonore
Qui faisait rire les échos,
Et dans tes fins cheveux d'aurore
Tu mettais des coquelicots

Rouges, des marguerites blanches
Entremêlés de bleuets bleus ;
Et moi je baisais tes mains blanches
Ta lèvre rouge et tes yeux bleus.

Tu me chantais de ta voix grave
Ton répertoire de chansons ;
Des merles sifflaient à l'octave
Dans le mystère des buissons.

Puis le soir vint : des ombres douces
S'endormirent sur les gazons.
Déjà l'émeraude des mousses,
Le vert tendre des frondaisons,

Toute la forêt séculaire
Ra-semblait, éparse dans l'air,
Sa chemise crépusculaire,
Tandis que la lune au ciel clair

Montait. Tout là-bas, des fusées
Jaillissaient vers le firmament,
Puis s'éparpillaient irisées !
Alors tu me dis simplement :

« Voici l'heure du sacrifice. »
Et je vis s'allumer des feux
Dépouillés de tout artifice,
Dans l'azur profond de tes yeux !

MAURICE DONNAY.

La Prune

Au bout de la branche pend une prune qui ne veut pas tomber. Pourtant, gonflée comme une joue d'enfant boudeur, mûre, pleine d'un jus lourd, elle est continûment attirée vers la terre.

D'une pointe de feu le soleil lui pique la peau, lui ronge ses couleurs, lui brûle la queue tout le jour.

Elle ne se détache pas.

Le vent l'attaque à son tour, l'enveloppe d'abord, la caresse sournoisement de son haleine, puis, s'acharnant, souffle dessus d'un brusque effort.

La prune remue au gré du vent, docile, dorlotée, dormante.

Une violente pluie d'orage la crible de minuscules balles crépitantes. Les balles fondent en rosée et la prune luit, regarde, comme un gros œil, au travers.

Un merle se pose sur la branche, par petites détentes sèches s'approche de la prune, lui lance de loin, prudent, les ailes prêtes, des coups de bec en vain rectifiés.

A chaque coup, la branche mince plie, la prune recule et fait signe que non.

Elle défierait jusqu'au soufflet d'une longue perche, jusqu'aux échelles des hommes.

Or Bonne-Amie vient à passer.

Elle voit la prune, lui sourit, se cambre avec nonchalance, penche la tête en arrière, cligne de l'œil et ouvre ses lèvres humides de gourmandise.

La prune y tombe!

Et Bonne-Amie, qui ne doute de rien, me dit sans paraître étonnée, la bouche pleine :

— Tu vois, elle a *chédé* à mon *cheul* désir.

Mais aussitôt punie que coupable du péché d'orgueil, elle rejette la prune.

Il y a un ver dedans.

JULES RENARD.

L'Avenir est aux louches

Un jeune journal, ennemi, n'a trouvé d'autre critique à faire d'un article paru dans le *Chat-Noir*, que d'attaquer ma pauvre chétive personne en déclarant triomphalement que je louchais, et que l'auteur des dessins, Willette, louchait aussi.

Polémique d'oculiste! Pends-toi, Galezowski, ô Desmares, pends-toi! Vous jugez les yeux divergents, les conjonctivites, les strabismes, les ophtalmies baroques, la cataracte, l'iritis chronique, avec une compétence qui jusqu'à ce jour semblait parfaite. Ce n'est plus ça : un jeune tourlourou prend vos analyses et s'empresse d'en faire la synthèse. Il conclut comme dans *le Langage des fleurs* : iritis chronique, *avarice*; conjonctivite, *débauche*; strabisme, articles ridicules sans idée.

Ce n'est pas ça du tout, petit homme!

Élevons ce mesquin débat, comme dit le parlementaire.

... Vers les commencements du monde, il y avait des cyclopes : Polyphème. Ces gens de haute stature, amis de Vulcain, sachant manier le fer et la pierre, précurseurs des ingénieurs les plus étonnants, élevèrent des constructions énormes, colossales, pyramidales, en un mot *cyclopéennes*.

Ce sont les ancêtre des louches. Les ancêtres de pierre : marbre.

Ils n'avaient malheureusement qu'un œil, et profitant de cela, un malin commis-voyageur, nommé Ulysse, le leur creva; mais ils possédaient une telle vitalité que, devenus aveugles, ils devinrent Homère. Homère, le mendiant sublime, qui eut la naïveté de croire qu'on pouvait séduire, même par une platitude, les commis-voyageurs, et reniant son père, Polyphème, poussa le cynisme jusqu'à chanter le cruel bourreau Ulysse; ce fut tant pis pour lui, il mourut pauvre.

Une transformation fut reconnue

nécessaire, et Tyrtée se mit à loucher
des pieds : il fut boiteux, le premier
boiteux ; mais cet individu a laissé peu
de traces : un plagiaire, un Belge.

Décidément on tâtonnait.

Le louche ne pouvait pas être plus
vite découvert : loi du Destin.

N'a-t-il pas fallu des siècles pour
dénicher la vapeur et l'électricité ?

Il faut du temps, beaucoup de temps,
pour arriver à la perfection ; Darwin
l'a proclamé, et l'on s'est incliné.

Mais la terre travaillait, elle cherchait le louche.

Vint Horatius Coclès : par lui, le
borgne fit son entrée dans le monde.
Et aussitôt il se mit à défendre un
pont, construction de pierre quasi
cyclopéenne.

Puis Philippe de Macédoine devint
borgne à la suite d'un accident, ce qui
lui procura la gloire d'engendrer
Alexandre, Alexandre moins grand
pour avoir été élève d'Aristote que
pour avoir été le premier Anglais en
date ayant conquis l'Inde.

Puis des multitudes de borgnes.

Il y a bien eu, dans l'antiquité, des
tentatives de loucherie pure : Alcibiade,
Louis XI, redoutables déjà, mais écra-
sés par l'aveugle ou le borgne.

Enfin tout récemment Gambetta fut
l'apothéose de cette forme cyclopéenno-
oculaire. Mais aujourd'hui, carcasse de
feu d'artifice, le borgne éteint cède la
place à ce soleil levant : la loucherie.

Pour arriver à être quelqu'un, le
strabisme sera de plus en plus nécessaire.

Et quoi de plus juste ?

Métaphysiquement et scientifique-
ment parlant, le louche est la synthèse

même de l'homme tel qu'il devrait être
— c'est-à-dire franc.

A force d'avoir été soupçonnés de
duplicité, les louches par réaction violente se sont habitués à être nets et
précis jusqu'au cynisme.

Et d'autre part ils ont un œil net et
obstiné sur le réel des choses, sur la
vie vivante, ils voient clair d'un côté.
Puis l'autre œil dans le vague cherche

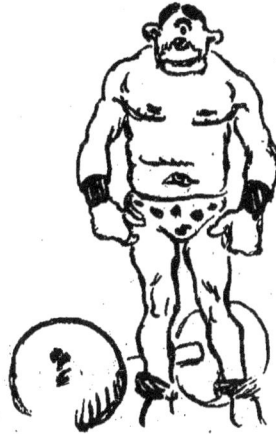

l'Idéal, le rêve, le nuage, ils voient
trouble.

Jusqu'à ce jour, grâce à la persécu-
tion des commis-voyageurs, l'un de
leurs yeux disait : *mange à l'autre*,
mais le progrès aidant, et la science et
les lumières, on a reconnu que l'homme
ne vivait pas seulement de réalités,
mais aussi de rêves ; l'humanité a besoin de ces deux faces pour être com-
plète. Auguste Comte l'avait prévu.

Or, certains poètes avaient les deux
yeux plongés dans l'infini, et faisaient
comme l'*Astrologue qui se laisse choir
dans un puits* ; et à côté, contradictoi-

rement, certains banquiers, notaires, médecins et autres commis-voyageurs avaient tellement les yeux plongés dans le puits de vérité qu'ils ignoraient les étoiles.

Le louche verra les étoiles d'un œil et le puits de l'autre.

Deux chevaliers chevauchant en sens inverse sur une route rencontrèrent une statue de la Justice porteuse de bouclier. Le bouclier était doré d'un côté, argenté de l'autre. Le premier chevalier dit au deuxième : « Le bou-clier est en or. » — « Non, répondit le second, il est en argent. »

Et ils se battirent; puis ayant changé de place, ils virent qu'ils avaient tort et se réconcilièrent.

Ils ne feront plus qu'un seul homme grâce au strabisme, ce merveilleux système de vision qui triomphe aujour-d'hui.

Place aux louches!!! Place!
N'est-ce pas, Willette?

             E. GOUDEAU.

La Chaussette

Le boulevard sentait l'orage. Les premières gouttes, très larges, crépitaient lourdement sur le pavé, et chassaient les passants, qui allaient se blottir un peu partout, au hasard des portes cochères.

en ondulations irrégulières, comme des drapeaux sans hampe. Et le tout prenait l'eau avidement, puis s'affaissait avec des mines piteuses.

Un gommeux surpris, ni pardessus, ni parapluie, arrivait en courant. Il

Un magasin de blanc laissait dégorger tout un étalage d'objets empesés, collerettes, camisoles, jupons brodés et de pantalons de femmes en faisceaux, légers, demi-transparents, si drôles avec leur longue, longue fente qui n'en finit plus. Des chemises ballonnaient sous la rafale, se gonflant

s'engouffra au milieu de toutes ces choses blanches.

Là, il secoua ses vêtements, battit des pieds, laissant sur le plancher des traces mouillées; sans gêne, comme chez son concierge.

Une femme surgit derrière un monceau de calicot, quarante ans, mal poignée, la figure grasse, sillonnée de plis mous.

Lui se dégantait sans se presser, fouillant des yeux tout ce linge que des lampes invisibles illuminaient. Il aperçut une corbeille où des bas de toute taille et de toute nuance étaient emmêlés, comme si des mains avaient fouillé là toute une journée.

— Des chaussettes, fit-il.

— Par ici, monsieur.

Il se laissa conduire.

Au milieu, un passage formant allée serpentait parmi les étalages pendus du plafond au plancher. A droite et à gauche s'échelonnaient des massifs de blanc, laissant entre eux de petits coins libres, à la manière des berceaux de verdure dans un jardin.

Elle s'arrêta dans le premier, et lui tendit une paire de chaussettes.

Le client n'y prit pas garde. Il était distrait par une dame très brune et très belle, qui lisait un roman. Le volume paraissait l'absorber. Elle leva cependant les yeux sur l'étranger, et eut un sourire drôle, qui semblait avoir bonne envie de devenir aimable. Il détourna la tête, par politesse, sans doute, en homme bien élevé qui ne soutient pas le regard d'une inconnue, et ce fut alors seulement qu'il aperçut la marchandise qu'on lui tendait. Il répondit :

— Non, celles-là ne me conviennent pas.

On alla de l'avant dans l'allée de calicot, puis, nouvelle halte, et nouvelle présentation de chaussettes.

Chose étrange, dans ce recoin aussi il y avait une liseuse. Celle-là était blonde, pour changer.

Il s'arrêta avec l'air de se dire :

Mâtin! c'est donc un cabinet de lecture, ici!

Comme la première, celle-ci leva sur lui ses yeux pervenche avec un sourire énigmatique, qui paraissait également avoir une curieuse envie de devenir aimable.

Les chaussettes présentées ne firent pas l'affaire du client.

Toujours on s'enfonça dans l'allée de calicot.

Troisième halte.

Chose surprenante, il y avait encore là une femme qui lisait. Comme le hasard favorise la variété! Celle-là était rousse! Elle leva sur le client des yeux verts d'une douceur infinie, puis, nonchalamment, reprit sa lecture. Elle ne souriait pas, elle n'avait pas l'air triste non plus. Soit qu'elle appartînt à cette catégorie heureuse des mortels qui prennent sans plaisir ni peine la vie telle qu'elle est, soit qu'elle fût influencée par son roman.

Les chaussettes plurent.

. . . .

Dehors, la pluie avait cessé. Un vent très violent même devait avoir soufflé, car l'ondée des trottoirs était complètement bue, le macadam était sec.

Devant la porte, la vieille riait à son client, avec un air de dire : « Si vous êtes content, envoyez-moi du monde. » Et comme il partait :

— Alors ces chaussettes vous vont?

Il répondit, en relevant le col de son habit :

— Oh! comme un gant!

F. Haulnoi.

Seringue Pompadour

Svelte et luisante, elle repose
Sur un coussinet de velours,
Dans un coffret en bois de rose
Portant l'écusson aux « Trois Tours ».

C'était l'exécutrice intime
Des ordonnances de Quesnoy :
Elle présidait au régime
De la confidente du Roy ;

Et sa prison capitonnée
D'étoffe bleue aux tons éteints
Conserve une odeur surannée
Où revivent les jours lointains.

*
*

Ce miracle d'orfèvrerie
Est en vieil argent ciselé,
Où la galante mièvrerie
De ce siècle du potelé

Mit une ronde fantaisiste
D'anges aux derrières joufflus
Qui semblent courir à la piste
Des appas qu'ils ont entrevus.

Oh ! s'ils pouvaient parler ces anges !
Si par leurs voix m'étaient contés
Les souvenirs des lieux étranges
Qu'ils ont autrefois visités ;

Si la gloire était révélée
De tous les charmes inconnus
Où la seringue fuselée
Déposa ses baisers pointus...

Sur leur beauté mystérieuse
Nous aurions des détails précis
Et pour l'histoire curieuse,
Bien des points seraient éclaircis ;

Nous verrions sous une autre face
Ce chef-d'œuvre cythéréen
Qui tenait alors tant de place
Dans le concert européen ;

Et, dans une auréole exquise,
Paraîtrait aux yeux éblouis
Ce que la divine marquise
Gardait aux plaisirs de Louis.

Or, c'est dans l'espérance intime
De connaître un jour ce secret
Qu'un pharmacien que j'estime
Conserve ce bijou discret;

Car c'est pour lui comme un emblème
De ce privilège ancien
Qui laissait au pharmacien
Le plaisir d'opérer lui-même.

ARMAND MASSON.

La Tour Eiffel vue de haut

— « Depuis que les Titans, punis de leur outrage,
Se tordent aux Enfers, l'homme, quoique malin,
S'élève vainement : il reste à son déclin,
Vaincu par l'anémie et veuf du fier courage.

Or, moi, Monsieur Homais, je crie : au gaspillage!
Et blâme hautement notre impuissant Vulcain
D'avoir, pour nous forger ce chef-d'œuvre mesquin,
Mis le for stimulant et tonique au pillage! »

Puis, cet avis donné, sagement, sans détour,
Le grand pharmacien, les lèvres dédaigneuses,
Triture au mortier ses drogues ferrugineuses

Et, sous le lourd pilon croyant revoir la Tour.
Suppute, l'œil rêveur, les bienfaisants pécules
Qu'on aurait à rouler tout ce fer en pilules.

PIMPINELLI.

Emménagement

Je m'en vais dire quelque chose qui va paraître extraordinaire.

Il y a à Colombes, près Paris, une fauvette qui reçoit le *Chat-Noir !*

Parfaitement, vous avez bien lu, cette fauvette reçoit le *Chat-Noir*. Elle le reçoit sur la tête, c'est vrai, mais,

ment il l'aborda, lui demanda de ses nouvelles et de celles de sa famille ; après quoi il commença à lui raconter un tas de blagues sur les dangers qu'elle courait à sortir sans femme de chambre, lui proposa de la reconduire, etc., etc.

pour en finir, elle le reçoit, et j'en suis pour ce que j'ai dit.

La chose mérite une explication, et l'explication la voici. Vous allez voir, c'est très touchant.

Figurez-vous que cette pauvre bête eut le malheur, ces temps derniers de faire une mauvaise connaissance. Tranquillement, sans songer à mal, elle revenait de prendre sa leçon de chant, quand elle rencontra sur son chemin un camarade de son frère, qui cherchait fortune au soleil. Naturelle-

Inutile d'ajouter que, cinq minutes après, il lui offrait de la mettre dans ses meubles.

La petite fauvette était bête comme une oie et ingénue comme une chaufferette. Elle accepta, les yeux fermés, les propositions de ce drôle, lequel, naturellement encore, n'eut rien de plus pressé que de la planter là après avoir abusé de sa jeunesse et de son inexpérience.

Toujours la même histoire, quoi !

Bref, restée seule avec son déshonneur et une grossesse avancée, et n'osant pas retourner chez sa mère, la petite fauvette alla cacher sa honte au fond de la boîte à journaux que mon excellent confrère Gustave de Witte a clouée entre deux barreaux de la grille de son jardin.

La pauvrette se plut tout de suite dans son nouvel appartement. Mon Dieu, ce n'était pas très vaste et c'était éclairé d'en haut à la façon d'une mansarde, mais le souvenir de Jenny l'ou-

la lucarne et de s'abattre sur son dos en même temps qu'une obscurité profonde envahissait son domicile.

C'était le facteur rural de Colombes, près Paris, qui venait de jeter le *Chat-Noir* dans la boîte de Gustave de Witte.

La première frayeur passée, la fauvette songea à se débarrasser du journal le plus artistique de Paris, lequel l'empêchait d'y voir clair et lui tenait horriblement chaud. Elle se mit donc, à grands coups de bec à attaquer la

vrière l'encouragea à supporter ce léger inconvénient. Le principal, c'était l'extrême sécheresse du local et la certitude pour sa petite famille de n'être pas trempée quand il tomberait de l'eau.

En conséquence, elle procéda à sa modeste installation, et ceci fait, elle fit ses couches, qui furent d'ailleurs, heureuses à souhait.

Le lendemain, couchée, les ailes étendues, sur une demi-douzaine d'œufs qu'elle couvait avec amour, elle songeait, et non sans angoisses, à l'avenir de ses nouveau-nés, quand tout à coup elle jeta un grand cri : une lourde masse venait de pénétrer par

chronique de M. Alphonse Allais, dont la spirituelle fantaisie s'en alla morceau par morceau; puis elle déchiqueta sans pitié la prose pittoresque de M. Rodolphe Salis, seigneur de Chatnoirville-en-Vexin; après quoi ce fut M. George Auriol qui prit la semaine, immédiatement suivi de M. Albert Tinchant, avec le dessin de Steinlen comme couronnement de l'édifice. Ceci fait, elle put respirer, et déjà elle reprenait un peu de calme, quand brusquement elle jeta un second cri, battant des ailes, affolée, aveuglée dans un flot de lumière vif.

C'était mon excellent confrère Gustave de Witte qui ouvrait sa boîte à journaux pour y prendre le *Chat-Noir*.

Alors la petite fauvette commença à trouver que, si son nouveau logement était irréprochable au point de vue de la sécheresse, il laissait fort à désirer au point de vue de la tranquillité. Elle était casanière en diable et exécrait qu'on la dérangeât. La perspective de recevoir alternativement les visites de Gustave de Witte et celles du facteur rural de Colombes, lui causa donc les plus cruelles appréhensions, d'autant qu'elle ne partageait pas les opinions politiques du *Chat-Noir*, et que, d'autre part, relevant de couches, elle se trouvait dans une situation embarras- sante vis-à-vis de Gustave de Witte.

Et pourtant que pouvait-elle faire?

Déménager était impraticable, sous peine d'abandonner toute sa progéni- ture, et elle ne s'arrêta même pas à cette pensée, préférant encore, aux lâ- chetés de l'abandon, les inconvénients d'une maison bruyante. Et c'est ainsi que, depuis quelques semaines, la pe- tite fauvette de Colombes reçoit cha- que semaine le *Chat-Noir* et que M. Gustave de Witte en est réduit à lire entre les trous les petites insanités que se permet de temps à autre son vieil ami,

GEORGES COURTELINE.

Le Cheval emporté

Un jour, dans une voiture, une Urbaine,
Un monsieur, une dame étaient assis,
Je ne sais à quel endroit précis
Mais, une chose bien certaine,
C'est que le cheval, tout à coup, s'emporta.
Le monsieur, aux pieds de la dame se jeta
Et lui dit : « Je vous aime!
Soyez à moi!! Vous en aller en ce moment
Serait d'une imprudence extrême.
Car vous savez probab'ement
Que les chevaux prenant aux dents leurs mors vont vite.
Et lorsqu'on descend en pareille occasion,
Il est bien rare que l'on évite
Quelque terrible contusion.
Donc, n'essayez pas de vous défendre
Et soyez à moi sur-le-champ. »
La dame répondit : « Parfaitement! »

Moralité

Fit-elle pas mieux que de descendre ?

MAURICE DONNAY.

Madame Lapointe, s. v. p.

A Paris, les spécialistes sont des gens vraiment difficiles à dénicher.

Leurs noms ne sont sur aucun Bottin, et ce n'est que de la bouche de tiers ténébreux et suspects qu'après des mois et des mois on arrive parfois

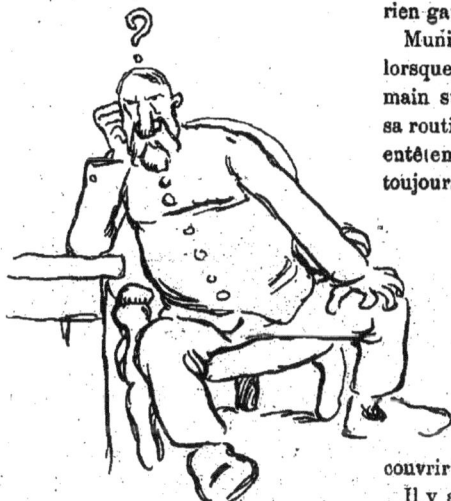

à obtenir quelques pâles renseignements sur eux.

On apprend alors qu'ils habitent, dans des quartiers impossibles, des immeubles souvent privés de numéros au fond de cités ouvrières inextricables, ou bien qu'ils campent dans quelque vague terrain,

Les quidams ou tiers qui vous fournissent ces documents sur les spécialistes ont toujours l'air de se méfier de vous au plus haut degré, et afin d'entretenir dans votre esprit un doute désastreux, ils ont soin de ne jamais rien garantir.

Muni de ces précieuses indications, lorsque, par hasard, vous mettez la main sur l'homme que vous cherchez, sa routine, sa mauvaise volonté et son entêtement sont tels qu'il est presque toujours impossible d'obtenir de lui le travail désiré.

Mais là n'est pas la question, — comme disent les Anglais. L'hostilité des spécialistes sera, si Dieu le permet l'objet d'un prochain article.

Pour l'instant, il ne s'agit que de la difficulté de découvrir un spécialiste dans Paris.

Il y a quelques mois, pour un travail dont je crois inutile d'indiquer la nature (attendu que les détails n'intéresseraient qu'un fort petit nombre de personnes), j'eus besoin d'une brosse conique en poil de kanguroo.

Mais en vain je rendis visite aux plus fameux brossiers de Paris, Bremier, Cheville et fils, Onfroy, Émile

10

Robert, Schweitzer et autres..., personne no possédait l'article demandé, et, selon toutes probabilités, il était impossible de se le procurer, — même au prix des plus grands sacrifices.

J'écrivis alors à Kent et Sons de Londres.

Trois jours après, Kent et Sons de Londres, qui sont l'exactitude même, m'envoyèrent la lettre suivante :

« Monsieur,

« Actuellement, nous ne pouvons pas faire pour vous la brosse de kanguroo, et le Zoological Garden, il ne peut pas vendre un kanguroo pour nous.

« Mais notre agent à Melbourne, il pourra procurer à votre service un kanguroo pour 200 livres sterling, — autrement 250 livres avec le port payé au steamboat.

« Après quoi, nous fabriquerons volontiers la brosse que vous plaisez demander nous.

« En attendant la réponse, nous restons, etc.

« Kent et Sons. »

La brosse que je désirais ne devant guère dépasser 60 grammes, j'aurais, à la rigueur, consenti à la payer au poids de l'or; mais j'avoue que les 6.250 fr. de la maison Kent et Sons de Londres me parurent un prix exagéré.

Je répondis donc à ces industriels que j'aviserais, et j'allais renoncer à mon idée, lorsqu'un marchand de blaireaux pour la barbe, rencontré par hasard chez Coquelin Cadet, m'apprit qu'il existait à Paris une certaine veuve Lapointe, capable de fabriquer les brosses les plus invraisemblables

avec le poil de n'importe quel animal, et que cette dame devait demeurer impasse Reille, quartier de la Glacière.

J'étais invité à déjeuner chez Coquelin ce matin-là. Mais mon impatience était telle qu'au risque de paraître mal élevé, je descendis l'escalier quatre à quatre sans seulement prendre congé de mon hôte.

Je sautai dans une voiture, et, trois heures plus tard je débarquais im-

passe Reille — après quelles angoisses, bon Dieu !

J'explorai une à une les tristes maisons de cette pittoresque impasse; mais, hélas ! personne ne connaissait la veuve Lapointe, fabricante de brosses !

Je commençais à bouillir violemment et à voir rouge, lorsqu'un bon vieillard, qui fumait sa pipe devant une porte, me dit d'une voix douce et tremblotante :

— La mère Lapointe ? attendez

donc, la mère Lapointe... mais je la connais, moi, cette vieille-là... Tenez, ce doit être ici, en face...

Et de son doigt ridé il me montra la seule maison que je n'eusse pas encore fouillée.

J'entrai.

Il n'y avait pas de concierge.

Je suivis un long corridor sombre, et bientôt je parvins à une petite cour d'environ six mètres carrés.

Un homme en manches de chemise sciait du bois dans cette cour.

Comme il paraissait ne pas s'apercevoir de ma présence, je l'interpellai :

— Monsieur?...

Il interrompit son travail, et, soulevant légèrement sa casquette :

— Monsieur... fit-il.

— Monsieur, repris-je, je cherche madame veuve Lapointe, fabricante de brosses ; mais comme il n'y a pas de concierge ici à qui l'on puisse demander des renseignements, je crois qu'il serait plus simple d'appeler cette dame que de la chercher au hasard dans cette maison.

L'homme inclina la tête.

— Seulement, continuai-je, comme je suis un peu aphone, seriez-vous assez bon pour crier à ma place?

— Volontiers, fit l'homme, et, réunissant ses deux mains autour de sa bouche, il cria de toutes ses forces :

— Madame Lapointe !

Aucune fenêtre ne s'ouvrit, aucune tête ne se montra.

— Peut-être n'a-t-elle pas entendu?... hasardai-je.

L'homme parut comprendre, et, très obligeamment, il recommença :

— Ohé! mame Lapointe !

Personne ne répondit.

— C'est extraordinaire, fis-je. Voudriez-vous crier encore une fois?

— Ça m'est égal, fit l'homme, et cette fois il gueula si fort que j'en eus les deux oreilles abruties.

— Mame Lapointe ! mame Lapointe !

Mais ce fut en vain. Rien ne bougea du rez-de-chaussée au sixième.

Très gêné, je remis cinquante centimes au brave ouvrier, et, histoire de dire quelque chose en le quittant :

— Peut-être ne demeure-t-elle pas ici? fis-je avec un sourire bête.

— Ça se pourrait bien, dit l'homme ; et reprenant sa scie, il ajouta : « Il n'y a que moi de locataire dans la maison... »

GEORGE AURIOL.

Le Serpent et le cor de chasse

Un jour un grand serpent, trouvant un cor de chasse,
        Pénétra dans le pavillon;
    Et comme il n'avait pas beaucoup de place,
    Dans l'instrument le reptile se tasse.
        Mais terrible punition!
Quand il voulut revoir le grand air et l'espace,
Et la vierge forêt au magique décor,
        Il eut beau tenter maint effort,
        Il ne pouvait sortir du cor,
        Le pauvre boa constrictor;
        Et, pâle, il attendit la mort.

Moralité

Dieu, comme le boa est triste au fond du cor!

MAURICE DONNAY.

Polyte

Il y a des gens qui naissent rigolos et qu'aucun des petits ennuis de la vie ne peut assombrir. Polyte était de ceux-là.

C'est l'année du grand hiver que je fis sa connaissance. Vous savez bien, cette année où les papillons ne purent éclorent et où les lilas n'eurent pas de fleurs. J'étais quinze cents balles à Versailles, une ville qui devait bien nuire au tempérament de Polyte, qui était premier soldat à la 124ᵉ section sans musique, une rude section tout de même.

L'air de roublardise enjouée de mon camarade de lit me plut dès l'abord. Il n'y en avait pas deux comme lui pour couper au truc, et ce fut lui qui m'enseigna le moyen d'échapper à la corvée de l'épluchage des pommes de terre.

Avec cela, quoique gradé, Polyte n'était pas fier du tout, et je ne l'ai jamais vu refuser un mêlé-cass ou un champoreau offert par un camarade. Il payait son écot en mots d'esprit.

C'est encore à lui que je dus le plaisir de faire la connaissance de deux ou trois bonnes filles, pas bien lettrées, mais qui connaissaient à fond l'histoire du régiment avec ses hauts faits d'armes. Les caporaux et les sergents et même les lieutenants avaient été leurs amis, et quand on avait besoin d'un renseignement on n'avait pas besoin de consulter l'*Annuaire de l'armée*.

Aussi, quand Polyte passa caporal, les conditionnels à qui il avait rendu tant de services lui offrirent un porte-

cigarettes en ambre et écume qui était une petite merveille. Le sujet surtout qui ornait ce souvenir me sembla une véritable trouvaille : une naïade très nue avec ses cheveux comme peignoir chatouillait de son gros orteil un poisson à l'œil intelligent.

Cette soirée-là Polyte fut d'une gaieté intarissable. Il aurait empêché de bâiller une coquille Saint-Jacques.

Mais tout passe, les roses, les femmes

et l'année de volontariat aussi. Nous fîmes nos adieux au joyeux caporal qui, les larmes aux yeux, nous accompagna jusqu'à la gare.

— Tu viendras me voir, me dit-il en se jetant dans mes bras.

— Je te le promets; mais où?

— A Paris.

— C'est grand, Paris; précise un peu.

— Tu verras bien.

Je dus me contenter de cette vague adresse, et j'arrivai à Paris où je tombai aussitôt dans les bras d'une petite boulotte qui m'offrit son cœur

et une chambre au quatrième.

J'avais complètement oublié mon ami, quand, le 14 juillet dernier, fuyant les illuminations officielles et les pétarades des jeunes citoyens, je m'étais réfugié à Grenelle, le seul endroit peut-être où éclatait sincèrement la joie populaire. Je passais dans une petite ruelle, et quel ne fut pas mon étonnement de rencontrer Polyte gros et gras, bien habillé, avec de grosses breloques pendant sur son gilet.

Il était sur le devant d'une maison d'une modeste apparence, les fenêtres fermées, mais pavoisées, et une lanterne rouge très en vue jetait de claires lueurs sur le pavé anguleux.

Il m'invita à entrer un instant et, devant une bouteille de bière, il me raconta qu'il avait succédé à un oncle récemment décédé. Il était très content, car le commerce allait bien.

A côté, j'entendais de joyeux éclats de rire et tout le répertoire de Paulus y passa accompagné en sourdine par les accords d'un piano qui avait bu.

Ah! la bonne soirée! avec les souvenirs d'une année trop vite écoulée. Nous nous rappelions avec émotion les propos de chambrée, et quand je pris congé de mon ami, il se faisait tard et c'était navrant de voir tant de bouteilles vides.

Eh bien! les jeunes gens de Grenelle se sont rudement amusés le 14 Juillet, et c'était à l'œil.

Marcel Ballot.

TOUT EST DANS TOUT
(étude)

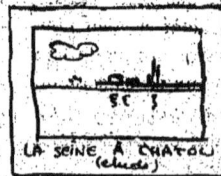

LA SEINE A CHATOU
(étude)

Ballade du coupeur de chats

Il existe un être hideux,
Infâme, cruel, ridicule,
Teigneux, pouilleux, galeux, miteux,
Qu'aucune honte ne macule.
Ce gueux exerce sans scrupule
L'art de fabriquer des castrats
Et gueule avec sa mandibule :
— Tond les chiens et coupe les chats !

Son inventeur libidineux
Monsieur Prud'homme qui copule,
Évitant d'être populeux,
Trouve le chat trop noctambule ;
Pour que sa race ne pullule,
Et mettre un frein à ses ébats,
Il le livre à ce barbacule :
— Tond les chiens et coupe les chats !

L'homme au schako jaune merdeux,
Cloaque où fleurit la pustule.
Ivrogne suinteux et bulbeux,
S'empare de l'animalcule

Et, sans lui dorer la pilule,
Ce plus lâche des scélérats
Le prend, le trousse et l'émascule :
— Tond les chiens et coupe les chats !

ENVOI

Matou, la moindre particule
Vaut mieux que tous les célibats ;
Détale au cri de la crapule :
— Tond les chiens et coupe les chats !

RAOUL GINESTE.

Le Portier et le rentier

Un jour, un monsieur, un rentier,
  Réprimandait son portier,
Qui répondit d'un air altier.
Sans en entendre davantage,
  Le rentier prit le portier,
Et, du haut du cinquième étage,
  Le jeta sur le palier
Du second et lui brisa l'œsophage.

Morale :

Le concierge est dans l'escalier.

MAURICE DONNAY.

A la Russe

A Gabriel Bonnet.

A son retour de Saint-Pétersbourg, où il avait longtemps occupé le poste d'attaché militaire, le colonel Savat-Bardez fut nommé au 234ᵉ de ligne, son prédécesseur s'étant vu fendre l'oreille sans mitaines, en récompense des attentions vraiment ridicules et scandaleuses dont il avait fait preuve à l'égard de ses hommes.

Pour réintégrer cette unité gangre-née dans les saines traditions d'obéis-sance passive et d'abrutissement mé-thodique qui sont l'honneur et « la force principale des armées », il ne fallait rien moins que la poigne acérine d'un Savat-Bardez. Le nouveau colo-nel avait carte blanche ; tous les moyens seraient bons. Un régiment où les soldats se trouvaient nourris à peu près, pas trop fourbus, assez justement traités ? Mais ça ne pouvait pas durer, ça changerait, tonnerre de bleu ! La moitié de l'effectif en dût-elle aller voir à Biribi de quel bois se chauffait le ministre.

Et ça changea, effectivement. En un rien de temps, le 234ᵉ de l'arme — des chiens de Parigots, pour la plupart — vous fut terrorisé, réduit, maté comme un simple toutou. On ne bougea plus, je vous en réponds : on ne crâna guère, je vous en fiche mon billet ! Ça pivo-tait, et raide ! Pour un soupir de tra-vers, c'étaient des quinze jours de grosse boîte ; et puis des marches for-cées, des contre-appels, des revues perpétuelles autant qu'inopinées, et, quant aux permisssions, *macache !*

Les officiers eux-mêmes ne savaient plus à quel saint se vouer et trem-blaient dans leurs boîtes quand, au rapport, le colonel disait d'une toute petite voix flûtée, paterne : « Je suis le père du régiment, vous entendez ? » sachant bien qu'après cette phrase, inoffensive en apparence, on n'y cou-pait jamais de sa quinzaine d'arrêts.

« Une discipline russe, je ne connais que cela ! » répétait sans cesse Savat-Bardez, car il avait rapporté de Russie un débordant enthousiasme pour les mœurs de nos frères du Nord et en particulier pour leurs coutumes mili-taires.

Une entre autres l'avait ravi. Quand un colonel russe arrive devant le front de son régiment, il ne manque jamais de s'écrier d'une voix forte : « Bonjour, mes enfants. » A quoi tous les soldats répondent comme un seul homme : « Bonjour, mon colonel. » Aussi, à peine en fonctions, rédigea-t-il un ordre du jour rappelant en termes émus que le régiment n'est rien autre qu'une grande famille dont la France est l'aïeule. Or, quoi de plus propre à resserrer les liens qui unissent le colonel à son régiment que d'emprunter aux Russes leur touchante coutume du : « Bonjour, mes enfants » ? Sans compter qu'une semblable parité de mœurs n'était que pour rendre plus étroite encore l'alliance franco-russe. En conséquence, le colonel Savat-Bardez ordonnait que tous les jours on fît des sortes de réceptions, afin que les enfants répondissent avec un imposant et militaire ensemble au salut de leur père.

tins tirages au flanc, au lieu de renâcler au service et de passer toute la journée à réclamer indécemment « la classe », voilà qu'ils se mirent à faire du zèle. Croyez-moi, ne me croyez pas, ils s'entendirent entre eux pour employer à des exercices supplémentaires leurs heures de liberté. Adieu le champoreau, la blanche et les salades ; le cantinier se vit un instant sur le point de faire faillite.

A la caserne, ils se retiraient dans

fants répondissent avec un imposant et militaire ensemble au salut de leur père.

Quelque chose comme un frémissement patriotique agita le 234e à la lecture de cet ordre. Les rangs rompus, on vit des conciliabules se former, des hommes pressés parcourent les chambres, versant au vol dans les oreilles de mystérieuses et rapides paroles, et, de ce jour, un changement extraordinaire se manifesta dans les allures de ces braves soldats.

Au lieu d'entreprendre de clandes-

les recoins ; en ville, ils gagnaient les fossés des fortifications, et, par petits groupes, travaillaient. Savat-Bardez n'y comprenait plus rien. Très inquiet, craignant quelque rosserie, quelque sédition en germe, il voulut savoir, fit espionner les hommes par des adjudants dévoués, s'embusqua lui-même et, en fin de compte, ne surprit rien. De loin, on les voyait gesticuler, faire l'exercice, étudiant de préférence, il semblait, les mouvements d'assouplissement — qu'en général, pourtant, ils avaient en horreur, — on percevait de vagues commandements, et c'était tout: Si l'on approchait, — étaient-ils prévenus? — on constatait qu'en effet ils s'entraînaient aux mouvements élémentaires: « Attention. Deuxième mouvement de natation… en position… un!»

Alors, Savat-Bardez ne se sentit plus de joie. Quel triomphe pour sa méthode! « De la poigne, sacrebleu! A la russe, je ne connais que ça! Et, aïe donc! L'animal avait reconnu son maître. Le 234ᵉ, ce régiment de fricoteurs et de pantouflards, était désormais le premier de France; un régiment qui travaillait tout seul, pour le plaisir, et grâce à qui? au père Savat-Bardez qui savait un peu comment on prenait ces gens-là. A la russe, je vous dis, et v'lan! A la boîte! au trou! Vive la France!… Mais qu'il vînt donc le colonel qui pouvait en montrer autant! » Et, déjà, il tâtait sur sa manche les deux chères étoiles tant désirées.

Les répétitions avançaient. Vint un jour, enfin, où l'ensemble paraissant magistral et parfait, Savat-Bardez, à la décision, avertit ses subordonnés qu'à dater du lendemain le salut à la russe entrerait en vigueur.

Le lendemain, donc, le 234ᵉ abordait le champ de manœuvres, s'y déployait dans un ordre merveilleux et bientôt après vit, monté sur un joli petit arabe, son terrible père s'avancer, bien carrément, vers le front de la troupe, s'arrêter à environ soixante pas, et, d'une voix aussi sonore que le lui permettait son organe vinaigré, lancer un : « Bonjour, mes enfants ! » tout à la fois solennel et cordial, attendant avec confiance le résultat de cette innovation. Or, le voici, ce résultat plutôt imprévu.

D'un même mouvement automatique, douze cents genoux gauches s'élevèrent, puis douze cents mains gauches s'abattirent sur les douze cents cuisses, y faisant retentir une claque immense, et douze cents pouces dressés vers le ciel vibrèrent longuement, tandis que, d'une clameur rythmée et très nette, le 234ᵉ de ligne — espoir de la patrie — répondait au bonjour de son chef en ces termes dont, par respect pour mes lecteurs, j'atténue la martiale crudité: « ZUT ! EH, VIEUX DAIM! »

On n'a pas mémoire, même en Afrique, parmi les vieux rengagés, les arbis, les durs-à-cuire, d'une aussi formidable *basane*.

D'un écart soudain et violent, le petit arabe, effrayé, déposa, sans trop de ménagements, son bon maître sur un tas de pierres qui, par hasard, là se trouvait; et il rendit l'esprit, le terrible colonel, renonçant ainsi, de lui-même, à un avancement pour toujours compromis par le ridicule désormais attaché au nom de Savat-Bardez.

Morale??.

RAPHAËL SHOOMARD.

Le Mégot s'en va

Le marché aux mégots est transféré
quai de Montebello. Avis aux amateurs.

Bon, v'là encor qu'i pleut à verse;
Qué chien d' temps! J' vas m'neyer, c'est sûr ;
Va falloir boucler mon commerce ;
L' m'étier est dur, oui, qu'il est dur.

Depuis pus d' deux mois qu'i' lansquine,
Tout l' tréfoin que j'ai ramassé
N' frait pas éternuer ma cousine ;
C'pendant j' peux dir' que j'ai massé.

V'là deux nuits que j' fais ma tournée
Pour ramasser quoi? rien du tout.
Quand j' pens' jadis dans un' journée
J' m'ai fait quéqu'fois jusqu'à cent sous...

Tiens, ben, si j'emboîtais c' potache?
I' tire un fum'ron gros comm' lui :
— Hé! tu vas brûler ta moustache;
Lâch' donc ça... Bon! le v'là parti...

J'en ai assez d'puis l' temps qu' j'en pince
Du truc de ramasseux d' mégots;
Si j' m'instituais banquier ou prince?
J'aurais dû y penser plus tôt.

L' m'étier s'en va, j' vous l' dis sans phrases,
Sans compter qu'on n' sait plus fumer.
Dans les *puros*, les sibigeoises,
Sait-on quoi maint'nant qu'on y met?

J' me rappell' que dans ma jeunesse
Y avait des cigar' épatants,
Gentiment roulés, tout d'un' pièce,
Pis on n' les fumait pas tout l' temps;

On en prenait la fleur, l'arome;
Aujourd'hui c'est pas ça du tout :
Jusqu'à qu'i' soit pus qu'un fantôme,
On chique un cigar' jusqu'au bout.

Dans l' temps jadis, les cigarettes
C'est soi-mêm' qui les tortillait;
A la bonne heure, ell's étaient chouettes
A caus' du trèfl' qu'on y mettait.

Depuis que c'te vache d' régie
Vous les griblotte à la vapeur,
Ç'a pas pus d' goût que d' l'eau rougie.
Si ça fait pas tarter, malheur !

Et pis c'est rien que d' la poussière,
C'est pas bien gras pour le mégot :
On trouv'rait plutôt son affaire
Dans l' blavin d'un vieil invalo.

Malgré qu' tu soye' en république,
Pauvre France, va, t'es bien bas;
T'es su' l' point d'avaler ta chique :
Rien n' va quand le mégot n' va pas.

RAOUL. PONCHON.

Petites filles

A Raphaël Shoomard.

I. — Nonnes.

Par l'entre-bâillement d'une porte, j'aperçois des fillettes en prières : elles tiennent de gros chapelets qu'elles baisent avec ferveur. De longues serviettes encadrent leurs fronts et retombent sur leurs épaules menues.

Les yeux mi-clos semblent ne regarder que l'autre monde.

tre — à la file indienne, sans rien voir.

Mais, la peste soit des psychés énormes qui volent, — qui recèlent toute la lumière d'une pièce !

Le charme est rompu; c'est de l'hypnotisme ! Toutes les nonnettes se campent devant la haute glace, inquiètes du reflet, mais espérantes :

Elles se lèvent et chantent : c'est un cantique.

Les gamines jouent « aux bonnes sœurs » dans un grand cabinet de toilette encombré de fioles comme le laboratoire d'un toxicologue et miroitant d'aciers comme la trousse d'un dentiste.

**

Les petites sont toujours en extase miaulante et processionnent — à qua-

— Je suis bien pâle ! dit Jeanne en courant au pot de fard.

— ... Rien qu'une ombre de crayon bleu sous les yeux !... murmure Lucie, autorisée par l'exemple.

Madeleine pose une mouche — oh ! meurtrière ! — près de la fossette nacrée de son menton.

Mais Jessie, l'Américaine, — déjà une petite femme à douze ans, — corrige la nature et transforme les deux exquises roses mates de sa bouche en une cerise affriolante, mûre, presque mûre pour le baiser...

— Que tu es belle! s'écrie Jeanne; et les mignonnes béguines d'applaudir. — Tu seras la Supérieure!

II. — NÉGRESSES.

Deux négrillonnes bavardent au pied d'un « bois-canon » en croquant des mandarines, — des oranges macaques.

— Moi, dit Zaza, je voudrais être une blanche, ou au moins une mulâtresse ambrée, pour que les beaux officiers béqués, bleus et or, me pour-

suivent et s'affolent de moi. Ils se battent pour Claristhénie!

— Moi, répond Nounoune, je voudrais être sorcière pour donner des philtres, du « wanga », tous les poisons, à l'un de ces blancs qui ne nous aiment jamais, — le torturer jusqu'à ce qu'il m'aime, lui, et alors le tuer à petit feu, en riant tout le temps.

— Je préférerais lui empoisonner l'amour dans le cœur et le faire vivre toujours.

— Oh! alors, je voudrais encore être sorcière pour le guérir, rien qu'en lui baisant bien doucement les yeux...

Elles se regardent et rient, — menaçantes et bonnes.

JÉROME NAU.

Discours officiel

d'un sous-préfet au Concours régional
des animaux gras

I

Messieurs, grâce au gouvernement
Dont nous jouissons à l'heure actuelle,
Le pays vit dans l'enchant'ment
D'un' félicité perpétuelle.
Au dedans, point d'agitations ;
Le gâchis simplement, rien autre.
A l'extérieur, quoi ? des nations,
Messieurs, étranger's à la nôtre !
Enfin, chose extraordinaire !
— A quoi c'la tient-il ? J' n'en sais
                            [rien —
Nous ne sommes pas même en guerre !
Tout va bien, messieurs, tout va bien !
Et zim la boum !... Vive la République !

II

Tout va bien ! Le gouvernement,
Messieurs, fait marcher le commerce,
Lequel, pour se mettre en mouv'ment,
N'attendait qu' lui, sans controverse !
Oui, malgré les cris astucieux
Des commerçants réactionnaires,
Les affair's, en somme, messieurs,
Les affaires... sont les affaires !
Nous avons la crise, sans doute,
Mais après tout, ell' se maintient
Solid'ment, la crise ! et somm' toute
On peut l'affirmer, ell' va bien !
Et zim la boum !... Vive la République !

III

Tout va bien ! Le gouvernement
S'intéresse à l'agriculture :
Le blé pousse sensiblement,
L'avoine est déjà presque mûre.
L'org' n'est pas laid, le seigle est beau,

La tempéra.tur' printanière ;
Il tombe moins souvent de l'eau
Qu'il n'en tombait l'anné' dernière !
Le cochon n'a pas mauvais' mine,
Le prix d' la volaill' se soutient,
Et quant à l'espèce bovine,
Elle engraisse, donc ell' va bien !
Et zim la boum !... Vive la République !

IV

Tout va bien! Le gouvernement
Vous a promis avec largesse
Des réform's... Eh bien! réell'ment,
Lorsqu'il vous a fait cett' promesse,
Il avait l'intention d'la t'nir,
Il l'a même encore à cette heure.
Il la gardera comm' souv'nir
Précieus'ment jusqu'à ce qu'il meure!...
Parfois avec inquiétude
Vous vous dites : « Mais qu'est-ce que
[d'vient
Cett' loi qu'on a mise à l'étude? »
Calmez-vous, messieurs, ell' va bien!
Et zim la boum!... Vive la République!

V

Tout va bien! Le gouvernement,
Soucieux de diminuer vos charges,
Les accroît progressivement
Dans les proportions les plus larges.
Des titulair's de ces impôts
La joie, d'ailleurs, est évidente;
Ils vont, clamant à tout propos :
« L'impôt va très bien, il... augmente! »
Que dis-je? Mais on en rencontre
Et journell'ment je n' sais combien
Auxquels il reste encor leur montre!...
Et quelquefois même ell' va bien!
Et zim la boum!... Vive la République!

JACQUES FERNY.

Modernité

La patronne les rassembla toutes dans le grand salon rouge et or du premier étage. Elles semblaient un peu surprises de cette convocation extraordinaire faite avec solennité, qui n'était pas dans les usages de la maison, une de ces vieilles demeures de l'ancien quartier latin, à la fois vastes et familières. A tout hasard, elles s'assirent

petit congé et nous irons nous promener toutes ensemble.

Cette proposition fut accueillie avec la joie naïve qui caractérise ces aimables personnes.

— Maintenant, continua Madame, où irons-nous? La question est là. Que chacune donne son avis à son tour.

Quand elles eurent parlé toutes à

en rond et Madame, après les avoir examinées d'un regard satisfait, leur parla maternellement.

Elle leur dit la prospérité de l'entreprise qui ne se démentait pas au milieu du marasme général et malgré la disette actuelle des affaires; elle les félicita de leur bonne volonté et conclut qu'elles n'auraient pas affaire à une ingrate.

— Si cela vous convient, mes enfants, demain nous nous offrirons un

la fois pendant cinq minutes, Madame rétablit l'ordre et interrogea Judith, une brune, forte et sérieuse, que l'on recherchait beaucoup dans la maison pour la gravité de son caractère.

Judith proposa une visite au musée du Louvre, et se fit conspuer.

— Nous connaissons toutes le musée du Louvre! déclara Fernande. Allons plutôt à la campagne, dans la vallée de Chevreuse, par exemple, qui est délicieuse à la fin de l'hiver.

Fernande avait l'esprit le plus poétique de la petite société et ne songeait qu'à se retirer plus tard, en Normandie ou dans le Perche, où elle gardait des relations.

— Peuh! c'est bien usé d'aller à la campagne..... dirent trois ou quatre dames.

— Proposez mieux, reprit aigrement Fernande.

Rolande nomma les catacombes et se fit forte d'avoir des entrées par un conseiller municipal. On repoussa ce projet, comme peu récréatif. La Tour Eiffel fut également rejetée à cause des récents événements.

— Enfin, décidez-vous! dit Madame.

Comme l'incertitude continuait à régner, Mascotte demanda timidement :

— Moi, si on voulait, mon rêve serait d'assister au cours de littérature de M. Larroumet, à la Sorbonne.

Et cette proposition, qui souleva un débordement de joie, rallia l'unanimité des suffrages, d'autant plus que Mascotte passait pour une personne frivole, à peu près indifférente aux grandes questions d'art et de littérature.

ALFRED CAPUS.

Demi-mondaine

Une fois, j'ai voulu me marier ; mais si l'on m' y reprend !

J'étais jeune, alors, oh ! très jeune. J'avais l'âge où le cœur déborde en sonnets incandescents.

Cela explique tout.

A moins que cela n'explique rien.

Toutes les opinions peuvent se soutenir.

Passons.

En ce temps-là, je restais des journées entières à plat ventre sur les pelouses du jardin patrimonial, un jardin immense qu'entourait un mur emmitouflé de lierres et de glycines.

J'y rêvais d'aimer.

Mais, comme l'occasion ne s'en présentait pas, je faisais, en attendant, aux fleurs, aux oiseaux, aux étoiles, des vers tout à fait candides.

C'était certain, dès qu'une femme daignerait me sourire, je m'emballerais.

Même j'élevais parfois, tragiquement, les mains vers la voûte céleste et, comme s'il avait dû en pleuvoir, je disais :

— O la plus belle entre les plus belles ! Toi que je dois aimer, quand donc viendras-tu ?

Et cela était très touchant.

Un jour, tandis que je me livrais à ce coquet exercice d'invocation, le Ciel (c'est une justice à lui rendre, il n'y manque jamais, quand il a le temps) exauça ma prière.

Printanière, rose et blonde, une tête de jeune fille apparut, au-dessus du mur, parmi le feuillage.

Je tombai à genoux.

— Merci, mon Dieu !

Déjà la tête de jeune fille avait disparu comme un songe.

*
**

Le lendemain, à la même heure (deux heures de relevée), à la même place (au-dessus du mur, parmi le feuillage), la même tête de jeune fille (printanière, rose et blonde) réapparut.

Je m'approchai.

Elle sourit, hésita, puis :

— Vous êtes bien inflammable, monsieur, me dit-elle d'un air moqueur. A peine m'avez-vous entrevue, hier, que vous êtes tombé à genoux. On ne temporise guère, dans votre famille.

— Oh! mademoiselle, répondis-je, que vous êtes jolie! Que vous m esemblez belle!

Ce n'était pas précisément répondre à la question, mais cela partait du cœur.

De fait, je ressemblais fort, d'où je la regardais, au Renard de la fable. Mais — la postérité me pardonne cette image — quelle douce colombe avait remplacé le Corbeau!

Il s'agissait de la contraindre à laisser tomber sur moi — non pas un fromage, fi donc! — un peu d'amour.

— A l'œuvre, pensai-je avec enthousiasme. Et d'un mouvement réflexe, je retroussai mes manches. Un peu plus j'allais cracher dans mes mains.

Mais le sang-froid me revint et je m'arrêtai à temps.

**

Dans le jardin d'à côté, il y avait une espèce de terrasse, un tertre adossé au mur qui permettait à la jeune fille de se montrer par-dessus la crête.

Dans celui où je me trouvais, il n'y avait rien d'analogue. Et pour comble de guigne, l'échelle dont je me servais était d'un laconisme désespérant.

J'étais obligé pour arriver à ses lèvres, de me dresser sur la pointe des pieds.

Mais comme, malgré les efforts que je faisais pour augmenter l'élasticité de ma personne, il s'en fallait encore de quelques centimètres, elle se penchait amoureusement, les mains tendues, m'aidant à conserver mon centre de gravité.

Et alors, quels baisers!

Et comme c'était tentant — comme c'était tentant! — ce que, dans cette position, j'entrevoyais de sa gorge!

Que devait être le reste?

Le voir! Le voir, et mourir...

Je lui dis :

— Mademoiselle, ne trouvez-vous pas que ce serait divin de faire ensemble une promenade lente parmi les bois fleuris?

— Oh! oui, fit-elle.

— Il ne tient qu'à toi, amante adorée! m'écriai-je, poussant la passion jusqu'au tutoiement.

— Hélas! me répondit-elle, je ne sors qu'accompagnée. Il faut trouver mieux.

— N'allez-vous jamais dans le monde, — au bal? poursuivis-je sans me décourager. Je pourrais vous y rencontrer.

— Jamais! Le croiriez-vous? Mes parents trouvent que je suis encore trop petite.

**

Trop petite! me dis-je.

Trop petite! me répétai-je.

Trop petite! Non, ce n'est pas possible. Elle me cache quelque chose.

Pour en avoir le cœur net, j'étais résolu à tout, même à être convenable.

Le lendemain, dès que, dans son ca-

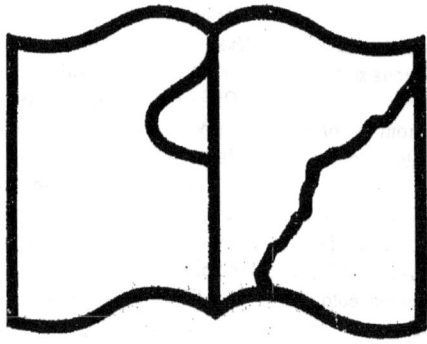

Texte détérioré — reliure défectueuse
NF Z 43-120-11

dre de frondaison, je l'aperçus m'envoyant les baisers quotidiens, je lui demandai :

— Eh bien?

Ce que cette brève interrogation n'exprimait pas, mon regard le disait pour elle.

La preuve, c'est qu'on me répondit :

— Oui.

Ces trois lettres — les amoureux ont un langage à eux, comme les fleurs et les bêtes, — signifiaient clairement :

— Oui, j'ai trouvé le moyen de nous voir et de nous voir longtemps.

Aussi je repris :

— Ce moyen? Dites vite.

— Non, devinez.

Je cherchai, mais en vain.

— Vous ne devinez pas?

— Mon Dieu, non.

— Approchez, alors : je veux vous dire cela tout bas, dans l'oreille.

Et ce soupir l'effleura :

— Epousez-moi.

Parole d'honneur, jamais je n'aurais trouvé cela tout seul. C'était bien simple et facile à exécuter, même en voyage.

Je me dis : « Pourquoi pas, après tout? »

Et, séance tenante, — on ne temporise pas, dans ma famille, elle l'avait remarqué, — j'allai faire ma demande.

Je fus reçu comme un sauveur.

On me promit une dot colossale.

Cela marchait sur des roulettes.

On fit venir la jeune fille, pour les présentations.

D'abord je ne la vis pas.

Mais quand je la vis, — pourtant je ne suis pas timide, — les mots se figèrent sur mes lèvres et je tombai de mon haut (un mètre soixante et onze, en ce temps-là).

Elle n'aurait pas pu en faire autant.

Car, elle aussi, marchait sur des roulettes.

Elle était cul-de-jatte.

GASTON MÉRY.

Les Horreurs de la guerre

I

LE SIÈGE

La guerre est une chose terrible.

Le bombardement de la ville ayant commencé, bien des hommes valides descendirent dans leurs caves.

La première victime fut un élégant jeune homme qui avait un révolver sur lui et dont il fit maladroitement jouer le chien. Sur les fortifications les artilleurs regrettaient d'avoir des boulets beaucoup trop gros pour le calibre de leurs canons.

Un coup de canon fut tiré cependant mais si malheureusement que la pièce dégringola du bastion sur le pavé d'une rue attenante et écrasa trois petits enfants qui mangeaient des groseilles noires dites cassis.

Pendant ce temps-là mon petit frère avait amassé les manchettes, les carrés de guipure, les losanges de dentelle, les rosaces au petit point, tous les ornements des bras et des dossiers des fauteuils, chaises, canapés du salon Empire, en avait fait un tas — tel de dépouilles opimes — puis ayant relevé promptement sa courte jupe à carreaux bleus et blancs il avait déposé sa petite crotte au beau milieu en disant : « A la guerre comme à la guerre! »

Ma tante qui ne l'entendait pas de cette oreille-là (et l'autre ne lui rendant plus aucun service), prit mon polisson par un bras et l'alla enfermer dans le « cabinet noir ».

Cinq minutes plus tard un obus entrant par la fenêtre, qu'on avait négligé de fermer, éclata dans le salon.

C'est donc grâce à un innocent stratagème que le bon Dieu sauva mon petit frère, ce qui prouve ainsi qu'un bienfait n'est jamais perdu.

II

LA REDDITION

Et l'on hissa le drape‍
Quand on anno‍

Prussiens il y eut un émoi indes-
c iptible.

Quelque chose comme une fourmi-
lière qu'on a bouleversée à coups de
canne.

Les Prussiens n'eurent pas besoin
d'enfoncer les portes ouvertes.

Les Bavarois aux longues barbes
blondes bercèrent les bébés sur leurs
genoux.

Les Prussiens furent employés aux
travaux des ménages; ils se levèrent
tôt pour cirer les chaussures.

Quand ils se soûlaient et insul-
taient les femmes, on leur prenait leurs
fusils et alors ils pleuraient beaucoup
pour obtenir qu'on les leur rendît.

Cependant, comme ils manquaient
de confiance dans l'innocuité des breu-
vages qui leur étaient offerts, ils en-
foncaient d'abord le goulot des bouteilles dans la gorge des bourgeois
avant d'en goûter eux-mêmes.

C'est ainsi que plusieurs patriotes
moururent empoisonnés.

A coups de hache les vainqueurs
faisaient sauter les serrures des ar-
~ires et des secrétaires, pour voir ce
vait dedans.

aussi les robes blanches
'es communiantes.

Sans oublier l'argenterie.

Car on aime à emporter des souvenirs du pays que l'on traverse.

En passant devant le corps-de-garde
et les casernes et partout où il y avait
des soldats allemands, les petits enfants faisaient des pieds-de-nez.

Tous les chiens s'appelèrent Bis-
marck.

Et quand on voyait un casque sur
un cerisier, on allait chercher une
fourche; si on en voyait un se prome-
nant seul sur le bord d'un étang, on le
poussait dedans ; on employa
encore d'autres moyens très
faciles pour en faire disparaître
quelques-uns.

Des années après, dans les
murs écroulés et dans le sable
des jardins, les petits garçons
trouvaient des biscaïens et ils
étaient bien contents.

III

LES TROUS *de balles* DE LA GUERRE

Depuis on a reconstruit les maisons, une partie aux frais du prince of
Walles.

La maison de la « dernière cartouche », qui avait été épargnée pour
que de Neuville puisse en faire un tableau, est transformée en un musée où
on boit de la bière à deux sous la chope,
ce qui n'est vraiment pas cher.

On va aussi chez un charcutier qui
a également un musée de « bouteilles
fondues ».

Le malheureux raconte qu'à la
guerre il a été traîné par les poignets
derrière un chariot pendant deux jours
et deux nuits

Il s'en ressent toujours, mais ça ne se voit plus.

Après, il vous montre dans la muraille les « trous de balles de la guerre ».

C'est là, — je me penche par la fenêtre. — Je ne vois rien. — Voyez-vous? — Je me penche si fort qu'infailliblement je tomberais si Depaquit ne me tenait par les basques de ma redingote. — Vous ne voyez rien? — Non. — Ah bien! c'est probablement parce que le mur a été recrépi!

La guerre est une chose terrible.

JEAN PRAIRIAL.

Un drôle de peintre

C'est un drôle de peintre que mon ami Edmond Parnasse.

Il aurait pu tout aussi bien être sous-chef de bureau, homme d'équipe, agent d'assurances ou sergent-major.

Mais non; Edmond Parnasse était peintre. C'était comme cela, vous n'y ferez rien. Il était d'ailleurs si modeste

qu'il avait toujours refusé de nous montrer quoi que ce soit.

Il se contentait de nous mettre au courant de ses œuvres. Il nous disait :

« Aujourd'hui j'ai terminé *la Femme à la cruche* et mis la dernière main à mon étude : *Enfant occupé à faire des petits pâtés sur la plage de Villerville* », toile, s'il faut l'en croire, d'une puissante luminosité.

Passionnément épris des peintres fleuris de la grande cour, il racontait qu'un jour il s'était plu — pieuse attention filiale — à représenter sa mère, une bonne bourgeoise qui tenait un commerce de mercerie, rue Saint-André-des-Arts, couronnée de roses et de lilas, donnant la chasse à des papillons bleus, dans un parc à balustrade.

— C'est tout le portrait de ma mère, nous disait-il, on dirait du V.... atteau.

Je crois avoir dit qu'Edmond Parnasse était un drôle de peintre; ce n'est peut-être pas tout à fait cela que j'aurais dû dire, car, en somme, il n'était pas plus peintre que vous et moi.

Je veux dire que jamais la moindre parcelle de chrome ou de véronèse n'avait souillé la virginité de sa palette, une palette énorme. — Mais, persuadés que le profond artiste avait un but en agissant ainsi, nous ne nous étonnâmes jamais.

Cependant, comme je lui faisais un jour cette remarque que c'était très bien de nous parler de ses projets, de son œuvre, mais qu'il était mieux sans doute de passer des paroles aux actes, Edmond alluma sa pipe lentement, mit un coude sur la cheminée, fit passer son mollet droit contre son jarret gauche élégamment tendu, et me fit cet aveu plein de franchise :

— Mon cher Delaw, il est inutile de peindre sachant qu'on ne vendra pas un tableau pendant sa vie...

— Mais, interrompis-je, très bien pour moi, ceci, pour les amis..., mais la postérité... les siècles futurs!... Que penseront-ils, lorsque, fouillant dans vos cartons, ils n'apercevront que quelques feuilles de papier Ingres, immédiatement intactes?...

Edmond Parnasse fit, cette fois, passer son mollet gauche par-dessus son jarret droit, et me répondit :

— Mon Dieu... les siècles futurs... Que diront les siècles futurs ? Mon Dieu, ils diront : « Puisque l'on n'a rien retrouvé, c'est qu'il a tout vendu. »

GEORGES DELAW.

Ponton du Sérail

Sa nouvelle manière de dresser les chiens

Vous n'avez jamais rencontré le père d'un petit chien ou le propriétaire d'un enfant qu'il ne vous le présente comme un prodige.

— Il n'a pas trois mois, vous dit le propriétaire, et il y en a déjà six qu'il demande la porte pour aller faire pipi.

— A cinq semaines, vous affirme le père, il distinguait depuis longtemps une marenne d'une ostende.

Moi aussi, j'aime les enfants et j'adore les chiens; mais les chiens nature et les enfants naturels. Les phénomènes me dégoûtent.

Aussi, j'ai commencé par ne pas donner de nom à mon chien; il n'en avait pas en naissant, n'est-ce pas? non; eh bien, alors!... Je me contente de l'appeler Monvieuxsalaud, ou Jean-jacquerousseau, suivant les circonstances, mais sans insister davantage. Et puisque je vous en parle, je puis bien vous dire que ce n'est pas le premier chien coiffé venu. Il a le poil rude et roux. Quand il se promène dans les blés verts, il les dépasse de sa queue fauve, qui émerge comme un épi précoce, unique, phénoménal et mouvant. Si je rencontre quelqu'un à ce moment-là, je demande ce que cela peut bien être, et je laisse le monsieur intrigué pour le reste de ses jours. Alors Monvieuxsalaud vient à moi, la tête penchée, un coin de la lèvre fortement relevé et rigolant comme une baleine sans corset.

Au moral : c'en est un qui ne veut rien savoir. Il ne m'accorde tout que parce que je ne lui demande rien; c'est ainsi qu'il ne porte pas au cou le dîner de son maître, qu'il ne va pas acheter le *Petit Journal*, qu'il ne sait ni lire, ni jouer aux dominos, ni ouvrir une boîte de sardines, ni faire « portez arme! » ni laver les escaliers, ni éteindre le gaz, ni rien de rien. Vous avouerez que ce n'est pas un cabot à la manque.

Quand nous nous promenons ensemble, s'il n'est pas à 500 mètres en avant, c'est qu'il est un kilomètre derrière, soit dit sans vous offenser.

Et philosophe, avec ça... il faut le voir assis sur son derrière « en chien qui fume la pipe », allongé « en sphinx » ou couché sur le flanc, « à l'odalisque »; ce n'est certainement pas lui qui se dérangera pour venir vous lécher les mains. Ah! mais non!

Des femmes, en voilà un qui s'en fiche !...

— Mais taisez-vous donc, me fit mon vieux camarade le vicomte Ponton du Sérail, depuis que je ne fréquente plus les duchesses, mon grand bonheur est de vivre avec mes chiens, de mener une vie de chien. Les chiens, je les adore ; un mauvais chien vaut cent fois mieux que dix honnêtes gens ; seulement, c'est comme les femmes, faut

porte le fouet. Dimanche, exaspéré, je lève sur elle un bras menaçant, mais quand je voulus exécuter la menace, elle était déjà loin.

— Viens ici, allons, viens, fis-je, plié en deux et tapant familièrement ma cuisse du plat de mon gant gris perle. Pisse-partout ne bouge pas, il se contente de passer sa queue entre ses jambes. — Veux-tu venir ici ? lui criai-je en désignant du bout de mon fouet de chasse la pointe de mes bottes vernies.

Ah ! ouiche ! c'est comme si j'avais interpellé un dolmen.

Alors, désireux de lui faire comprendre que les dernières conquêtes de

savoir les dresser.

Vous n'avez pas oublié Cartouche, mon grand espagnol (sic) ; vous savez si j'y tenais ; ça n'empêche qu'un jour, je ne me souviens même plus pourquoi, je lui ai flanqué un tel coup de botte quelque part, qu'il ne me resta plus qu'à l'achever avec ma canne plombée, non sans, toutefois, lui avoir fait promettre de ne plus recommencer.

Et Pisse-partout, vous le connaissez bien, Pisse-partout ; une excellente bête, mais entêtée comme une bourrique. Je ne pouvais obtenir d'elle qu'elle marchât du côté de la main qui

la science de Louis Figuier ont supprimé les distances, je ramasse un caillou qui, lancé avec une adresse d'Apache, va lui casser net une patte de devant.

— Veux-tu venir maintenant ? — Sur ses trois pattes, Pisse-partout augmente d'une vingtaine de mètres la distance qui nous sépare.

Voyant qu'il ne m'avait pas encore compris, d'un deuxième mais non moins habile caillou je lui brise une patte de derrière, pour changer.

— Qu'en penses-tu ? interrogeai-je intrigué.

Cette fois, il ne s'éloigna que d'une dizaine de mètres environ. Je pensai :

« Ça va déjà mieux », et, me saisissant d'une pierre bien plate, je lui fracasse une troisième patte de devant, pour alterner.

Oh! c'est tout au plus s'il alla cinq mètres plus loin et d'une façon assez ridicule même; si je n'avais été aussi occupé, je me serais tordu. Heureux du résultat obtenu et sans perdre patience, ce fut avec une ardoise que je le débarrassai de sa dernière patte. Ah! sacrebleu! cette fois il n'attendit pas que je l'y invitasse; il accourut ventre à terre et me couvrit de caresses.

Quand je vous le disais! conclut cet impérissable Ponton du Sérail.

JEAN PRAIRIAL.

TABLE DES MATIÈRES

Le « Chat-Noir » 5
Excentric's 7
Une réponse 10
Un record 12
Petite peine 15
Le Secret du vestibule 16
The Meat-Land 24
Le Sâr Péladan désavoué par l'Éternel . . . . , ... 26
Pourquoy la fille du « Cheval qui boete » ne voulut poinct soy confesser à
    frère Jehan le Taupin 30
Conte flamand 34
L'Ami de la nature 36
L'Horloger 37
Un scandale 39
Raccommodage 42
Pour Lise 43
Chanson styrienne 44
Ballade à Villon (pour être dite en l'hostellerie du Chat-Noir) 45
Ballade 47
Les Poissons rouges 49
Les Polonais (fragment d'un poème épique) 52
Celles que nous aimons 56
Noir animal 57
Les Cure-dents 59
La Bouteille de vernis 61
Cure manquée 63
Les Chanteurs de ma cour 65
Conte sec 67
Séraphim Pélican 68
Manager's society, limited 70
Partie carrée 73
Probabilités 74
Le Bon petit cœur 75
L'Eléphant 76
Après les grandes manœuvres 77
Choses de Justice 78
Le Cerf-Volant 80
Le Caillou mort d'amour. (Histoire tombée de la lune.) 84
Tom Slooper 86
Ma conférence à Auvernier 90

L'Amour des dominos 93
Sonnerie Louis XV. 95
A ta gorge. 97
Lex 99
Old England. 101
Amour conjugal 102
Mistral parisien 104
Les Pharmaciens. 106
La Mort du ver. (*Légende moderne.*) 107
Le Bouclier 110
Un peu de chimie 112
Mes haines. (*Le mandoliniste.*). 114
Le Veau. (*Conte de Noël pour Sara Salis.*) 115
Le Cache-nez. (*Dialogue omnibus.*) 117
Chanson des peintres. 119
Square des Batignolles. 120
L'Orage 121
Chanson à boire. 123
L'Œil 125
O 126
14 Juillet. 129
La Prune 131
L'Avenir est aux louches. 132
La Chaussette 135
Seringue Pompadour. 137
La Tour Eiffel vue de haut 139
Emménagement. 141
Le Cheval emporté. 141
Madame Lapointe, s. v. p. 145
Le Serpent et le cor de chasse 148
Polyte 149
Ballade du coupeur de chats 151
Le Portier et le rentier. 152
A la Russe. 153
Le Mégot s'en va. 156
Petites filles 158
Discours officiel d'un sous-préfet au concours régional des animaux gras . . 160
Modernité 162
Demi-mondaine 164
Les Horreurs de la guerre 166
Un drôle de peintre 170
Ponton du Sérail. (*Sa nouvelle manière de dresser les chiens.*) 172

Paris. — Imp. PAUL DUPONT (Cl.). THOUZELLIER, Dr.

www.ingramcontent.com/pod-product-compliance
Lightning Source LLC
Chambersburg PA
CBHW072054080426
42733CB00010B/2118